Marcel Postic

O Imaginário na Relação Pedagógica

Tradução:
Estela dos Santos Abreu

Jorge Zahar Editor
Rio de Janeiro

Título original:
L'Imaginaire dans la relation pédagogique

Tradução autorizada da primeira edição francesa
publicada em 1989 por Presses Universitaires de France,
de Paris, França

Jorge Zahar Editor Ltda.
rua México 31 sobreloja
20031 Rio de Janeiro, RJ

[Edição para o Brasil]

Editoração eletrônica: TopTextos Edições Gráficas Ltda.

ISBN: 2-13-042254-3 (ed. orig.)

ISBN: 85-7110-213-9 (JZE, RJ)

CIP-Brasil. Catalogação-na-fonte
Sindicato Nacional dos Editores de Livros, RJ.

P89i Postic, Marcel
O imaginário na relação pedagógica / Marcel Postic; tradução, Estela dos Santos Abreu. — Rio de Janeiro: Jorge Zahar Ed., 1993.

Tradução de: L'imaginaire dans la relation pédagogique.
Bibliografia.
ISBN 85-7110-213-9

1. Imaginação nas crianças. 2. Psicologia educacional. 3. Educação — França. I. Título.

91-0820 CDD - 370.15
CDU - 37.015.3

Sumário

Introdução 9

I. O imaginário 13

II. A criança e o imaginário 18

1. O racional e o imaginário na construção da personalidade da criança *18*
2. Alimentos e expressões do imaginário *20*
3. O imaginário na escola *23*
4. Imaginário e relação pedagógica *25*

III. A escola e a criança 29

1. A escola, lugar de aprendizagem social *29*
2. A escola e a construção do Eu *32*
3. A escola e a família *35*

IV. Situação da pesquisa: do estudo dos comportamentos manifestos ao estudo do imaginário na relação pedagógica 39

1. Apresentação crítica das linhas de pesquisa por uma abordagem diferente *39*
2. Linha da pesquisa apresentada *44*

V. Aspectos metodológicos dos processos imaginários: a prova das Alegorias Animais 50

1. Provas projetivas *52*
2. O material de uma prova projetiva *53*
3. A produção de uma narração *56*
4. A prova das Alegorias Animais *57*

VI. Modalidades de análise das produções de alunos relativas à prova das Alegorias Animais 61
1. Análise do conteúdo relacional das narrações *63*
2. Comentários sobre as categorias escolhidas *64*

VII. Análise dos tipos de situações encontradas 74
1. Características atribuídas pelos alunos aos professores *75*
2. Análise das situações em que o aluno está diante de seus dois professores, o de matemática e o de francês *81*
3. Sexo dos professores e relação pedagógica *85*

VIII. Animais, fantasmática animal e professores 92
1. Modalidades de escolha dos animais *92*
2. A caracterização dos professores pelos alunos de uma classe *96*
3. Fantasmática ligada aos professores *99*

IX. A expressão do imaginário nas narrações 108
1. Forma das narrações *108*
2. Dinâmica das narrações *110*

X. A relação pedagógica para o aluno: apelos e temores 138
1. Apelo a um apoio no desenvolvimento do Eu *139*
2. O conflito: aspectos fantasmáticos *142*

Conclusão 147

Bibliografia 151

Nota da Tradução

A escolaridade na França é assim organizada:

	(O que no Brasil corresponde a:)
1 — *Ensino primário* (dos 6 aos 10 anos)	*1º grau*
— Curso Preparatório (CP)	— Curso Pré-primário
— Curso Elementar 1 (CE_1)	— 1a. série
— Curso Elementar 2 (CE_2)	— 2a. série
— Curso Médio 1 (CM_1)	— 3a. série
— Curso Médio 2 (CM_2)	— 4a. série
2 — *Ensino secundário* (dos 11 aos 17 anos)	
6º ano	— 5a. série
5º ano	— 6a. série
4º ano	— 7a. série
3º ano	— 8a. série
	2º grau
2º ano	— 1a. série
1º ano	— 2a. série
Classe Terminal	— 3a. série

Exame do *Baccalauréat*: sanciona os estudos secundários e dá ingresso ao

3 — *Ensino Superior*
(com inúmeras Escolas, Universidades etc.)

Colégio: são as escolas que oferecem cursos do 6º ao 3º ano.
Liceu: são as escolas que oferecem cursos do 2º ano à classe Terminal e alguns preparatórios a Escolas Superiores.
Orientação: decisões tomadas por um Conselho de Classe, de acordo com as famílias dos alunos, quanto à seqüência dos estudos e às escolhas de cursos que o aluno deve fazer.

Introdução

A classe de 6º ano na França* marca importante etapa na vida da criança. Até então sua jornada escolar se passava junto a um único professor, com o qual vivia os momentos de estudo intenso e de lazer. A partir do 6º ano, o aluno passa a lidar com diversos professores, cada qual responsável por uma disciplina. Bruscamente a criança rompe com uma atmosfera em que tudo era previsível. Diante de vários professores, ela é confrontada com um novo tipo de relação, quase sempre mais impessoal e ligado à natureza da disciplina ensinada. Em breve, para ela, a tipos de saber correspondem tipos de professores, com características pessoais. O grupo dos colegas de classe funciona como repercutidor e ampliador das impressões que cada aluno experimenta.

Ora, o que é dito no grupo de colegas refere-se à representação que os alunos têm dos professores de determinada disciplina ou da personalidade desses professores; e o que fica latente, não expresso, são elementos do imaginário, nascidos nas profundezas de cada aluno.

A relação pedagógica é vivida ininterruptamente nos dois planos, o manifesto e o imaginário, que não coincidem necessariamente, porque um acontecimento observável pode ou não desencadear o nascimento ou o despertar de harmônicos inconscientes.

Pela observação direta, podemos descobrir a estratégia pedagógica do professor, a participação ou a iniciativa do aluno, analisar a ligação entre o ato de ensino e o ato de aprendizagem, ou o clima

* Ver Nota da Tradução à p. 7.

relacional introduzido na situação pedagógica. É preciso recorrer a outros métodos para perceber as ressonâncias profundas, para analisar-lhes os elementos que favorecem ou refreiam o processo dinâmico.

Em situação pedagógica, o aluno é levado a compartilhar as regras da comunicação, entremeada pela argüição oral e marcada por procedimentos de controle. Alguns alunos entram no jogo sem dificuldade e têm a impressão de serem ouvidos, de conseguirem respostas a seus apelos. Outros temem a manipulação. Ressentem os efeitos disso interiormente, de maneiras diversas: aceitam o procedimento e as imposições, sentindo-se mais ou menos conquistados, ou resistem, com o risco de serem rejeitados e eliminados. Ser conquistado é entrar na cumplicidade das relações, tentar ser como o professor quer, entrar na imagem que este faz da infância e do aluno, corresponder às expectativas do mestre. O medo de ser "seduzido" por ele permanece presente no aluno, com maior ou menor intensidade, e desperta às vezes uma agressividade reacional.

Preservar a própria autonomia torna-se para o aluno preocupação primeira, à medida que avança na escolaridade. Ele se coloca em posição defensiva para com o professor que ameaça invadir-lhe o Eu. Mas aceita o jogo da comunicação quando sente que pode torná-lo favorável para si. Atribui um significado a uma situação pedagógica em relação à imagem que tem de si e em relação ao objetivo que persegue: afirmar-se pelo êxito escolar ou afirmar-se pessoalmente fora do âmbito escolar. A carga afetiva ligada a certas situações será tão mais importante para o aluno quanto elas mais perto chegarem dos valores desse aluno.

Por vezes ele reconhece no professor aquele que dá vida à matéria a ser aprendida e sentido à vida escolar. No plano inconsciente opera-se uma transformação do saber em alimento. Por vezes ele recusa-se inconscientemente a reconhecer o professor porque este não corresponde à imagem fantasmática* que tem de determi-

* *Fantasme, fantasmatique, fantasmé*, termos próprios à linguagem psicanalítica, são habitualmente traduzidos por *fantasia, fantasioso, fantasiado*. Neste livro, porém, foi adotada a tradução *fantasma, fantasmático, fantasmado*, para evitar a confusão com a tradução de *fantaisie, fantaisiste*, termos que também aparecem várias vezes no texto. (N.T.)

nada matéria ou do professor de determinada matéria. Essas atitudes inconscientes provêm do sistema de referências profundas da criança ou do adolescente, bem como do jogo relacional. Com efeito, o professor, por seu desejo de comunicar o saber, ou por sua resistência a fazer isso, pelo prazer ou pela insatisfação que demonstra, por seus comportamentos de aceitação ou de rejeição do aluno, ligados às forças inconscientes que o estimulam, age sobre a representação de si no aluno, sobretudo no que diz respeito às possibilidades de êxito escolar. Assim manifestam-se no aluno, no plano inconsciente, processos de abertura ou de proteção.

Já muito se falou dos fantasmas de amor e de ódio que coexistem no aluno como no professor. A dicotomia é só aparente, porque ambos têm a mesma origem pulsional e nascem simultaneamente, o que explica muitos casos de ambivalência comportamental: em dado momento, diante da interpretação das circunstâncias, o movimento pode ir de um lado para o outro. Do mesmo modo, o processo dinâmico de relação do aluno com o professor pode passar da aceitação para a rejeição. No caso positivo, o professor, no imaginário do aluno, é quem intervém como mediador no meio escolar e, sobretudo, quem possui o poder — de ordem mágica — de estabelecer vínculos entre ele e o mundo, e com a cultura. É quem comunica significados ao que é apreendido, sentido, vivido, quem dá uma unidade ao mundo. Daí provêm as desilusões, quando os professores não conseguem corresponder a essa expectativa.

Na relação pedagógica, o elemento simbólico de troca entre mestre e aluno é a matéria ensinada. O saber, numa matéria, é a referência que permite ao aluno e ao professor situarem-se. Não é um saber abstrato, como se costuma apresentar nas análises da relação pedagógica; é uma realidade — francês, matemática ou outras matérias — com características próprias, que exige modos peculiares de apreensão cognitiva e provoca reações afetivas específicas.

As modalidades da análise de conteúdo das situações produzidas na prova das Alegorias Animais foram criadas em colaboração com Loïck

Villerbu, professor de psicologia clínica na Universidade de Rennes II, e com Bernard Marquet, psicólogo, a quem agradeço cordialmente. B. Marquet encarregou-se da aplicação da prova e da realização da análise de conteúdo. Meu reconhecimento estende-se a Michel Vaillant, por suas sugestões ao original.

capítulo I

O imaginário

Imaginar é evocar seres, colocá-los em determinada situação, fazê-los viver como se quer. É criar um mundo a seu bel-prazer, libertando-se. Tudo é possível. Tudo acontece. Na vida artística, imaginar é um ato criador. Na vida cotidiana, imaginar é uma atividade paralela à ação que exercemos, ligada à realidade. A imaginação é um processo. O imaginário é seu produto.

Imaginar é uma atividade de reconstrução, até de transformação do real, em função dos significados que damos aos acontecimentos ou das repercussões interiores que eles têm em nós. Não é afastar-se em relação ao mundo real; é seguir ao mesmo tempo uma via paralela. Quando Jean-Paul Sartre[1] diz: "O ato de imaginação é um ato mágico. É uma encantação destinada a fazer aparecer o objeto no qual se pensa, a coisa que se deseja de modo a dela tomar posse" (p. 161), refere-se à hierarquização que ele introduz entre consciência que imagina e consciência que percebe, sendo que esta última, para ele, tem a superioridade. Atribuamos um outro sentido a essa expressão: o imaginário age como exorcismo dos efeitos maléficos do real sobre a pessoa, e como valorização dos efeitos benéficos, a fim de garantir-lhe a coerência interna. Eu não me desligo do real. Ele caminha em mim por vias secretas. Tal acontecimento, tal pessoa encontrada, suscita ressonâncias; por associação, desperta em mim imagens. O desencadeamento da atividade imaginária é provocado por encontros emocionais entre o real e mim

[1] J.-P. Sartre, *L'imaginaire*. Paris: Gallimard, 1940.

mesmo. Eu me descubro ao mesmo tempo em que ajo. Mas essa descoberta não é racional: ela é mais vivida do que percebida, ela se estabelece à maneira das correspondências, no sentido em que Charles Baudelaire emprega a palavra para designar as harmonias secretas entre os estados de alma e o universo, entre o real e o sobrenatural.

O imaginário está povoado de representações simbólicas do real. Eis porque cada um de nós se encontra perto dos mitos, onde é encenado o drama do homem, de sua condição de homem, envolvido pelo que o assedia no mundo, presa de suas pulsões e de suas angústias.

"*Ter imaginação* é gozar de riqueza interior, de um fluxo ininterrupto e espontâneo de imagens. Mas espontaneidade não quer dizer invenção arbitrária. Etimologicamente, *imaginação* é solidária de imago, *representação, imitação*, e de **imitor**, *imitar, reproduzir*. Por uma vez, a etimologia faz eco tanto às realidades psicológicas quanto à verdade espiritual. A imaginação imita modelos exemplares — as Imagens —, ela as reproduz, as reatualiza, as repete sem fim. Ter imaginação é ver o mundo em sua totalidade: porque faz parte do poder e da missão das Imagens mostrar tudo o que se mantém refratário ao conceito."

Assim Mircea Eliade (1952)[2] representa a ligação que existe entre as imagens que nascem em nós e as que se mantêm permanentes, atemporais, sempre presentes nas mitologias ou nos simbolismos sagrados. Quando Gaston Bachelard, em *La poétique de la rêverie* (1960) evoca o devaneio como meio de reatar com a infância, com "nosso ser desconhecido, súmula de todo o inconhecível que é uma alma de criança", ele analisa, também, as produções imaginárias da pessoa em relação com o universo. Os arquétipos do fogo, da água, da luz "ligam o homem ao mundo", são "uma abertura para o mundo, um convite para o mundo". Para Gaston Bachelard, as imagens nos fazem apreender o universo de modo instantâneo. "Enquanto os pensadores que re-

[2] O nome do autor, seguido da data de publicação, remete às referências bibliográficas situadas no fim do livro.

constroem o mundo percorrem um longo caminho de reflexão, a imagem cósmica é imediata. Ela nos oferece o todo antes das partes. Em sua exuberância, ela pensa dizer o todo do Todo. Toma o Universo por um de seus signos. Uma única imagem invade todo o universo.''

A expressão simbólica é comum a toda a humanidade e G. Durand (1969) analisou as categorias simbólicas universais, os arquétipos correspondentes às questões fundamentais do homem, no espaço e no tempo.

Assim, são as relações de si com o real visível ou invisível e com o universo, que estão no centro de nossa vida imaginária. Não na busca de um significado situado no plano racional, mas no despertar de imagens que repercutem em nós e encarnam um sentido. Nelas não se encontra nenhuma explicação, mas percebem-se luzes que chegam por deslizes imperceptíveis de sentido.

Pelo imaginário, voltamos às fontes de nós mesmos; ao mesmo tempo, evadimo-nos de nós para buscar nossa amarração no universo. Uma história escrita, filmada, um livro, uma história em quadrinhos, uma novela de televisão, permitem-nos a identificação com heróis, não apenas porque encarnam valores, mas porque suscitam admirações e sonhos com aventuras. Mais profundamente, nossa viagem imaginária alimenta-se de nossas esperanças ocultas, escondidas há muito, sempre latentes, prontas a germinar ao mínimo chamado. Parece-nos havê-las afastado porque foram sancionadas pela realidade social, mas estão presentes em nós e ressurgem à mínima ocasião favorável. E, sempre, a esse movimento para o interior de si mesmo está associado um movimento de si para o exterior: vivemos o que poderia ser e o que poderia despontar em nós, pela ação, o que transformaria nossa vida entre os outros. Não o que deveria ser — o componente moral está excluído — mas sim o que é possível. Não a descoberta de si, que exige lucidez, mas uma liberação efervescente de si no mundo, no espaço e no tempo, estes também desabridos, sem imposições, sem recortes.

O imaginário começa onde a realidade opõe, senão rejeição, ao menos resistência: algo não está diretamente acessível, escapa, mas pode ser adivinhado; permite uma esperança, embora velada.

Imaginário e fantasmas

Na perspectiva psicanalítica, o âmbito do imaginário situa-se na vida afetiva do sujeito, na ressonância que os acontecimentos vividos têm em seu inconsciente. Este compensa os aspectos da realidade que o decepcionam, que não correspondem à sua expectativa, com produções em que seu desejo é satisfeito. A função do fantasma é criar uma situação que satisfaça o desejo e permita uma certa descarga. O fantasma consciente sobrevém como reação a uma realidade exterior frustrante. Sem intenção de mudar essa realidade, mas com a criação de um estado imaginado diferente (J. Sandler-H. Nagera, 1964). O fantasma "fica ao abrigo da prova da realidade e sujeito apenas ao princípio do prazer", diz Freud em *Les deux principes de fonctionnement mental.** De certo modo, o fantasma age como defesa em relação à frustração e ao desprazer que ele provoca. É um meio de destruir o objeto frustrante e de abrir a satisfação dos desejos. Segundo Melanie Klein, os fantasmas são as representações psicológicas das pulsões libidinais e destruidoras, e se elaboram tanto como defesa quanto como mecanismo de satisfação de desejos (J. Isaacs, 1966). Assim são vistos os fantasmas inconscientes, tais como são interpretados pelo analista.

A noção de fantasma se integra na problemática do desejo. D. Lagache (1964) observa que pode tratar-se de aversão. A partir daquilo que, no meio de convivência, do sujeito, recusa-se ao desejo, "o conflito entre a demanda do sujeito e a demanda ou aporte do seu meio está na origem do conflito entre fantasma e realidade". D. Lagache prefere "não dissociar os fantasmas da fantasia da qual procedem e considera esta como um todo", todo que é processo, movimento do espírito que se desenvolve no tempo.

A estrutura do fantasma não está ligada ao acontecimento que o produz. O acontecimento é apenas detonador. "A atitude que prenuncia o desenvolvimento do fantasma consciente pode ser a aproximação ou o evitamento, ou um conflito entre a aproximação

* Formulações sobre os dois princípios do funcionamento mental. *E.S.B.* Rio, Imago, 1980.

e o evitamento'' (D. Lagache, 1964). Todo desejo pessoal só se expressa na relação do sujeito com o mundo que o cerca, com o social, com as normas, com as leis, com os outros. Os fantasmas se elaboram a partir do núcleo conflituoso entre o sujeito e o sistema que rege sua vida social, núcleo no qual ele está inserido.

Melanie Klein lhes atribui uma origem mais antiga, nas angústias arcaicas do bebê em relação com a mãe. No fantasma inconsciente da criança, o seio da mãe é introjetado, introduzido em si com as qualidades que lhe estão ligadas, e vivido como bom ou mau segundo a satisfação ou a frustração sentidas. Assim se diferenciam os objetos internos: bons são os que gratificam, maus são os que dão origem a frustrações. Os movimentos de incorporação, de rejeição do objeto, de amor e de ódio estão ligados a isso. Também o sentimento de estar ameaçado, destruído, ou a pulsão para destruir o objeto. Os desejos agressivos desenvolvem-se ao mesmo tempo que os desejos libidinosos. Por projeção, atribuem-se movimentos de amor ou de ódio ao objeto. Por introjeção, retomam-se para si esses movimentos fantasmados. Nessa perspectiva, a antecipação, a alucinação da satisfação, está na origem do fantasma.

O fantasma se expressa e se expande em cenas em que há uma entrada em ação, um enredo, cujos atores são imagos, isto é, protótipos inconscientes de personagens. As produções imaginárias se dão de modo simbólico. Pela personagem simbólica, escapa-se ao face a face com a personagem real, acede-se ao universo do outro, outro que é ao mesmo tempo eu e um outro. E tudo o que acontece aparece numa seqüência natural, como se não pudesse acontecer de outra maneira.

capítulo II

A criança e o imaginário

1. O racional e o imaginário na construção da personalidade da criança

Ao mesmo tempo em que a criança descobre o mundo exterior e nele exerce uma ação, sua imaginação se desenvolve. Pela atividade, a criança se confronta com os outros, com o real, ao fazer descobertas, ao sentir alegrias e dores, ao viver apegos e conflitos. Ela encontra algumas respostas a suas perguntas. Toma consciência de suas possibilidades de ação, de seus limites. Mas enigmas persistem. São esses enigmas que a levam a procurar e a imaginar, a sonhar, e isso tendo como motor a vontade de conhecer, como também a vontade de dominar temores, angústias, ou então de expressar emoções. Desenhar, narrar um fato são formas de ação, de domínio sobre a emoção: modela-se o seu próprio real. A pessoa pode ser invadida e mergulhada em imagens e em sonhos, e ficar paralisada por eles. Em compensação, se ela conseguir dominar a explosão dessas imagens e sonhos, se possuir um modo de utilizá-los através dos jogos da linguagem ou das formas, chegará à criação.

Enquanto a construção da inteligência, segundo J. Piaget, se dá por estágios sucessivos, cada estágio apresentando uma nova coordenação de elementos que se diferenciam gradualmente no interior do nível precedente, a imaginação progride por alimentação ramificada como os afluentes de um rio, por acréscimos, por criações sucessivas. Simultaneamente às transformações na percepção do mundo e à descentração que a criança adquire com referência ao universo exterior, prossegue uma descoberta do mundo que ela faz ao se relacionar com ele, baseada em revelações. A criança se situa paralelamente nos dois planos. É a escola que vai levá-la a privilegiar os processos racionais de exploração do real e a abandonar os ímpetos entusiastas e ingênuos.

É possível afirmar, com Ph. Malrieu (1967), que, para a criança, imaginar é "ato de um ser social", porque o processo se encastra na realidade, recorre a modelos sociais. A criança continua, pelo imaginário, a descobrir-se, a ver-se em relação a outrem. Ela elabora seu Eu ideal, sob o estímulo do meio, favorável ou hostil, que a cerca. Já se antevê no futuro, naquilo que poderá ser em referência aos adultos que a cercam. A criança toma consciência do que é possível, mede a diferença entre o imaginário e o real. As imagens do outro servem de pontos de referência para buscar o sentido de uma mutação de si mesma e para se transformar.

Mas imaginar não é pensar: não significa relacionar fatos, analisar uma situação para dominá-la, para retirar-lhe um significado. Imaginar é penetrar, explorar fatos dos quais se retira uma visão. Esta só poderá ser comunicada ao outro através de símbolos, que provocam harmônicos e estabelecem a comunhão. O símbolo age como mediador para "revelar ocultando, ocultar revelando, e ao mesmo tempo incitar à participação que, embora com impedimentos e obstáculos, fica favorecida" (Gurvitch, 1966).

O pensamento progride de forma linear. A imaginação se processa em espiral, por alargamento de seu espaço. Ela não se dirige para níveis mais diferenciados, mais especializados; estende-se por expansão e por conquista de novos territórios.

O imaginário baliza o itinerário interior. A coerência de um ser, a continuidade de si, provém mais da firmeza dessa construção interna do que de seu pensamento lógico.

Pelo imaginário a criança encontra vínculos entre o mundo e ela, interioriza significados. O céu torna-se o infinito, a noite, o mistério. São pontos de referência simbólicos. Toda pessoa tem necessidade de ter, ao lado do mundo real, o das trocas sociais, o das investigações positivas, uma área de ilusão, segundo Winnicott, um espaço interno que faz a transição entre consciente e inconsciente, entre o mundo das idéias e o dos afetos. O movimento dialético entre o imaginário e o racional é aquele que garante o equilíbrio do sujeito. Seus recursos internos provêm da fecundação entre o racional e o imaginário.

2. Alimentos e expressões do imaginário

A criança deve conseguir alimentar seu imaginário e expressá-lo. O imaginário se cultiva. Admirar-se, maravilhar-se é espontâneo na criança pequena. Mas essa disposição logo desaparece no contato com explicações lógicas trazidas pelos meios de comunicação e pela escola. Ir além da aparência, pressentir o desconhecido e o mistério, munir-se de um jogo de espelhos que refletem outras luzes, ir em busca de seu domínio secreto, são esses os caminhos do imaginário.

As histórias e contos divertem e encantam, no sentido forte, isto é, fascinam. Ao analisar os contos de fada, B. Bettelheim (1976) neles encontra as seguintes características: situações simplificadas e personagens de contornos nítidos, sem ambivalência, o bem e o mal materializados pelas personagens e suas ações. A criança se identifica com o herói e capta significados segundo seus interesses e necessidades do momento; troca de identidade de acordo com os problemas que tem de enfrentar. "Nos contos de fada, os processos internos do indivíduo são exteriorizados e tornam-se compreensíveis porque são representados pelas personagens e pelos acontecimentos da história." A criança "encontra suas próprias soluções ao refletir sobre o que a história dá a entender sobre ela mesma e sobre seus conflitos internos em determinado momento de sua vida". As personagens dos contos ilustram conflitos internos (rivalidades entre irmãos, decepções narcísicas etc.) e sugerem, em linguagem simbólica, como convém resolvê-los. J. Levine (1983) observa que quase todos os contos evocam, num primeiro tempo, a angústia de ruptura com o meio familiar no momento de passagem para o mundo adulto — imaginário da ameaça de desafiliação —; a seguir, num segundo tempo, a necessidade de ser reconhecido por forças ultraparentais e de ser perfilhado por uma família fantasmática mais ampla. Mas B. Duborgel assinala que B. Bettelheim elimina os contos que não ajudam as crianças a resolverem os problemas psicológicos de crescimento, e que ele só os vê como instrumentos adaptativos, as categorias psicológicas substituindo os valores morais. Mostra o erro que consiste em reduzir o conto a mera metáfora maravilhosa das problemáticas psicoafetivas vividas pela criança. Na realidade, a leitura pode situar-se em registros diferentes: história com episódios, imagem mítica de personagens encarnando a condição humana e a história dos homens, encenação de seus próprios conflitos internos.

Para a criança, o conto tem um poder encantatório do estranho. O fato corriqueiro torna-se estranho. A criança é o chapeuzinho vermelho, a floresta, o vento. Ela estremece com a árvore balançada pela tempestade. "Era uma vez... Uma coisa acontece uma vez, só uma, eu sei disso; como sei que nunca mais a verei repetir-se, nem mesmo reaparecer sob os olhos de minha lembrança. E houve um outrora em que isso era real, era da ordem do real, era o real; eu não sabia, não era suficientemente eu mesmo para viver isso de fato. Era uma vez, tão outra vez que não é nenhuma vez: ficava tão bem no imperfeito que nunca desapareceu embora não se tenha consumado" (J. Bellemin-Noël, 1983). A criança saboreia secretamente o que lhe é ao mesmo tempo revelado e ocultado. Michel Tournier, em artigo no *Le Monde* de 9 de março de 1979, diz que o conto "apresenta-se como um meio translúcido, mas não transparente, como uma espessura aquosa na qual o leitor vê esboçarem-se figuras que não consegue distinguir completamente". Por ser indecifrável de forma total, por evocar mais reminiscências que explicações, o conto exerce atração e magia.

Toda história, todo conto, toda lenda só age sobre a criança na medida em que o registro corresponde a seu mundo interior, a suas angústias e a suas necessidades. Cada um vê um fato, um pormenor que provoca em si um eco, que responde a um desejo, a uma pulsão. As personagens atraem ou repelem. Mas, além do mundo social, o conto permite a exploração do desconhecido. Suscita concomitantemente inquietação, porque os enigmas persistem, e apaziguamento, pela verificação de vínculos com o universo, pela certeza de nosso enraizamento. Oferece o reflexo de nossa condição humana, de nossos conflitos internos entre desejo de aventura e aspiração à vida tranqüila, bem como da necessidade do racional que oferece segurança.

Alimentar o imaginário da criança é desenvolver a função simbólica por meio de textos, de imagens e de sons. Tal situação, frase, melodia provoca em nós uma ressonância, leva-nos a estar em comunidade com o outro, o nosso duplo, e confere uma dimensão universal ao que sentimos. E, ao mesmo tempo, guardamos a sensação de algo que nos ultrapassa e nos escapa. Pensamos que nos havíamos apropriado disso mas sempre fomos mantidos à distância. As iluminações de um instante deixam interrogações.

O mundo moderno não tem muitos alimentos para o imaginário, pode-se objetar. De fato, a criança citadina tem pouco contato com a natureza, não vive as emoções nem os encantos das mudanças de estação, não conhece o fascínio de descobrir um riacho ou uma floresta. Raramente os avós têm o papel de guias pacientes para a exploração do mundo, não conhecem mais histórias maravilhosas. Mas a criança pode descobrir sozinha seus pedaços de céu azul. Mesmo se o imaginário é alimentado pela mídia de maneira uniforme e padronizada, se os astros da canção e do esporte estimulam os sonhos de poder, se a publicidade é a resposta aos desejos de evasão e de liberdade, cada qual encontra o que procura no fundo de si. Mircea Eliade (1963, 1965) afirma que sob novas formas encontram-se os mitos fundamentais, "a luta entre o Herói e o Monstro, os combates e as provas de iniciação, as figuras e imagens exemplares (a moça, o herói, a paisagem paradisíaca, o inferno etc.)". Uma dessas formas é a história em quadrinhos. Os lugares provocam atração e angústia (castelos, faroeste, oceanos, espaços interestelares etc.), a ação desenrola-se no presente, em linguagem direta, incisiva. O mundo é todo maniqueísta porque as personagens quase sempre encarnam o bem e o mal, com heróis justiceiros, em conflitos nos quais aparecem dominação e submissão. A criança de dez-doze anos encontra na história em quadrinhos o sistema de relações fantasmadas que conhece no meio em que vive. A fantasmática da agressão e da morte corresponde à busca que ela empreende pela autonomia. Decifra as imagens assim como os textos que as acompanham, parando em certas imagens em que o enquadramento, o ângulo de vista contam tanto quanto os gestos e o diálogo. A história em quadrinhos lhe permite um vaivém entre o real e o imaginário, entre a ação e o olhar irônico, entre a gravidade e o humor.

A criança expressa seu imaginário primeiro pelo jogo, pelo gesto, pelo corpo, antes de usar o desenho, a pintura, a narração. Desde cedo, a criança encena com o objeto simbólico que é a boneca. Ela se envolve na situação, projeta seus estados afetivos. Vai fazer-lhe carinhos ou dar-lhe pitos. Adota papéis sociais que são pontos de referência: pais, professores, enfermeira. A angústia fica sob controle ao ser transformada.

A criança representa como se fosse verdade. Sabe que não é "para valer". Mas entusiasma-se, deixa-se levar. Algumas linhas traçadas no chão: uma casa passa a existir. Um risco é uma cerca, uma fronteira com aviso de proibido. Uma vara torna-se lança, fuzil, cavalo. Tudo é possível: cavalga-se uma baleia e enfrenta-se o tubarão. Nasce assim espontaneamente uma visão que se apóia no real e dele se liberta, assim se desperta a exaltação de viver. A criança apropria-se do real sem que este se volte contra ela.

J. Chateau (1946) diz que as histórias inventadas pelas crianças partem de esquemas de jogos, de transposições de ações. O jogo modela a história: o que a criança não pode fazer realmente, o que ela gostaria de fazer, ela imagina.

3. O imaginário na escola

Ao lado das histórias que a criança imagina e conta espontaneamente, figuram as narrações que ela tem de redigir na escola. B. Duborgel (1983), ao examinar os prefácios dos manuais de leitura do CP (Curso Preparatório) ao CM (Curso Médio),* mostra que, na escolaridade da criança, aparece a exigência de levá-la do estágio do maravilhoso, do irreal e da fantasia até o texto realista. Uma hierarquia ordena-se entre o texto imaginário e o texto realista. Ela leva a criança a seguir um trajeto que vai do imaginário ao real. Para B. Duborgel, os textos de crianças, à medida que elas avançam na escolaridade, têm tendência a serem mais descritivos, informativos, mais de acordo com a exigência de observação exata das coisas, mais próximos dos dados da experiência. A narração fantástica é substituída pela narração verossímil, que é seguida pela narração realista. Segundo o mesmo autor, uma sondagem junto aos professores revela a ambivalência de suas atitudes com referência à imaginação na criança e ao papel da escola. A imaginação é "elogiada e receada", "desejada e rejeitada". Querem que a criança

* A explicação de todas as siglas utilizadas no correr do texto encontra-se na Nota da Tradução à página 7.

tenha imaginação, seja criativa. Mas acham que a imaginação deve ser contida, dominada, para levar a criança ao estado adulto. Os valores predominantes na escola são o real, a razão. O que se depreende das disposições institucionais da escola, das instruções oficiais, são recomendações em prol da observação da realidade, a fim de que a criança faça descrições. B. Duborgel diz que a arte de escrever na escola é regulamentada por uma tradição positivista, que afasta da linguagem das imagens. O livro escolar é orientado para a mensagem informativa, didática.

Que lugar é conferido à imaginação? Percebe-se a partir de 1970 esforços no sentido de a imagem que acompanha o texto ser concebida como criação original, com poder de expressão em si. Mas por muito tempo, nos textos e manuais escolares, a imagem não passou de auxiliar didático. M. Tardy (1966) dizia que "a pedagogia é o empreendimento que valoriza a percepção às custas da imaginação". As imagens deviam ser observadas para fornecer um saber, e não para interpretar, e até produzir. A imagem, "pervertida pela pedagogia" (G. Jacquinot, 1977), não permitia descobrir a função estética da mensagem, nem suscitar atos de imaginação.

Na escola, a imaginação da criança é constantemente contida, sofreada pelas atividades que lhe são propostas. Quando essa imaginação é solicitada, permanece sob vigilância, tanto no domínio do texto como no das atividades principais. Procura-se apelar para a criatividade da criança, mas há o temor de que ela não domine sua criação, e são-lhe fornecidos limites para canalizá-la. Segundo a expressão de P. Emmanuel, o imaginário é colonizado pela razão.[1]

O imaginário, porém, permanece sob tensão. Percebe-se isso assim que se dá à criança a possibilidade de falar de assuntos que a preocupam, sobretudo no que se refere à sua vida na escola. A análise de textos relativos à escola, escritos por crianças (S. Mollo, 1975; M. Valotton, 1977; B. Duborgel, 1983), mostra a evocação

[1] "Fazer uma história do racionalismo, ou seja, do imaginário colonizado pela razão" (Pierre Emmanuel, *Pour une politique de la culture*. Paris: Seuil, 1971, 204 pp., p. 148).

de preocupações e de angústias: medo de chegar atrasado, dificuldades com as lições, exames, sentimentos de obstáculos a transpor, preocupação com o futuro escolar. "As modalidades da atividade escolar são descritas em referência aos graus de fracasso ou de êxito, que condicionam diretamente os graus de 'qualidade' da relação com os outros (agradar os pais, ser recompensado ou repreendido pelo professor, ser melhor ou pior que)" (B. Duborgel, 1983). S. Mollo (1975) estudou as redações de alunos relativas à sua jornada na escola. "O desenvolvimento da narração segue pura e simplesmente a ordem das atividades escolares diárias. Reproduz a aridez e a atomização da jornada, refere-se constantemente aos horários e à campanhia, mostra a ausência de conteúdo." "O conformismo do discurso... é o meio de expressão que sobra para a criança num mundo cheio de pressões institucionais e com um fundo ansiógeno." O tema da "harmonia universal", representação mais ou menos mítica de um modo de ser com referência ao mundo, a si próprio, aos outros, à natureza, com sonhos de poder e de sucesso, afirma-se nos textos livres dos alunos do CE até o CM2; mas, a partir do momento em que o assunto proposto é a escola, os temas mudam: predominam os que têm uma nota de angústia, de morte, de separação, de devoração (B. Duborgel, 1983).

Em tais condições, como poderia o imaginário deixar de ser evasão da escola, sonhos de fuga e de liberdade? O pássaro nos poemas de Jacques Prévert aparece ao aluno nos momentos difíceis e convida-o a fugir com ele. Foge da aula e parte, numa brecha entre as nuvens, para viagens longínquas.

4. Imaginário e relação pedagógica

O aluno vive na aula um certo número de acontecimentos que o tocam com maior ou menor profundidade: ora aceita sem problemas uma repreensão do professor, porque sabe que desrespeitou as regras de funcionamento da classe e que a lei é a mesma para todos, ora se sente atingido e magoado por uma observação irônica, que o deixa em situação difícil perante seus colegas. Uma demonstração de interesse que o professor lhe dirija ou uma forma imperceptível de rejeição podem ter na criança profundas repercussões que a levam a se aproximar ou a se afastar do professor no plano do imaginário. Estabelece-se uma conexão entre estruturas homólogas vividas em planos diferentes, real e interior, em referência às quais os acontecimentos vividos tomam significado. Os esquemas imaginários se instalam, se reforçam ou desaparecem, e podem ressurgir a qualquer momento. Os professores são representações simbólicas que, no imaginário do aluno, encarnam forças maléficas ou benéficas, imagos vindas das primeiras relações intersubjetivas, reais ou imaginárias, com os que o cercam. Os modelos arcaicos de hostilidade, de agressividade ou de adesão, de submissão, são personificados por professores. Seus comportamentos de dominação, suas condutas ameaçadoras ou, ao contrário, suas atitudes protetoras despertam na criança as angústias, frustrações ou necessidades de fusão. Uma atividade de deslocamento do real para o imaginário, e do imaginário para o real, se instaura.

O aluno conhece experiências decisivas, em certos momentos, por encontros, por trocas que, no plano do real, o levam ao conhecimento de si, ao reconhecimento de suas possibilidades ou de suas dificuldades (situação escolar, possibilidades de carreira escolar), à aceitação de si e dos outros. Assim, ele pode adaptar sua ação, principalmente pelo confronto dos valores existentes.

No plano do imaginário, ele compensa pela recriação, não verbalizada, na qual surgem os equivalentes simbólicos das cargas emocionais. A dinâmica relacional intervém em níveis diferentes e segue uma lógica diferente. As relações interpessoais, pelo jogo das intenções, dos atos e dos efeitos, permitem à criança situar-se e encontrar pólos diferentes de estruturação do Eu. Os acontecimentos vividos e as impressões sentidas provocam deslocamentos imaginários que remanejam a relação interpessoal.

O imaginário se alimenta de realidade. Ora, a realidade da classe e da escola, para o aluno, é constituída de episódios vividos com os colegas, e outros vividos com os professores, quase sempre diante dos colegas. O aluno encontra-se em classe numa situação de rivalidade com os outros. Quando ele estabelece uma comunicação com o professor, os outros alunos observam suas reações e as do professor. É aprovado ou desaprovado pelos membros do grupo ao qual pertence, quase sempre na base de sua situação escolar. No imaginário, ele está sozinho com o professor, sem o olhar dos outros. O aluno de 6º ou 5º ano mede sua distância em relação ao adulto que é o professor, um adulto diferente dos pais, porque supostamente tem conhecimentos que os pais não possuem e não podem transmitir. O aluno lhe atribui, no plano fantasmático, o conhecimento dos segredos da vida e um poder sobre os acontecimentos. O mestre lhe aparece envolto num halo de mistério e de magia. Daí a atração e a sedução que este exerce.

À realidade acrescenta-se uma transfiguração por deslocamento dos significados inconscientes, dos objetos parentais para os professores, e por disfarce dos desejos. O significado e a repercussão em si de uma experiência vivida na classe dependem das outras experiências vividas pessoalmente fora da escola, bem como do tipo de conflito interno entre pulsões e instâncias do Eu, ressentido nesse momento pela criança. Às vezes, ocorre uma coincidência entre um acontecimento da classe, em sua relação com os professores, e um acontecimento interior, pessoal, do aluno.

A pré-adolescência é o período em que começa uma nova organização. Novas necessidades provenientes da maturação, novas exigências sociais surgem. Os fantasmas contribuem para a organização defensiva relativa às transformações dos investimentos libidinais. O Eu participa da organização das produções imaginárias. De certo modo, o imaginário é tão estruturado quanto o universo cognitivo. Num caso como no outro, trata-se de situar-se no mundo. Os pontos de referência são diferentes, mas o processo é idêntico. A diferença fundamental está na impossibilidade de partilhar, com o outro, o universo imaginário. "É em seu próprio devaneio que a criança encontra fábulas, fábulas que ela não conta para ninguém", diz Gaston Bachelard (1960).

Nesta organização intervêm a representação que o aluno tem do professor e sua maneira de percebê-lo, de situar-se em relação a ele. Misturam-se aspectos cognitivos e afetivos, com sentimentos de atração, de rejeição, ou com ambigüidade, incerteza. A um fantasma para si está ligado um fantasma complementar, referente ao outro. Se a pessoa se vê como todo-poderosa, o outro só pode ser reduzido à impotência ou ser destruído. Essa complementaridade dos fantasmas na relação de si com o outro (Max Pagès, 1983) corresponde à clivagem dos papéis na situação pedagógica?

Pelo imaginário, o aluno afirma sua liberdade. No sistema de relações na sala de aula, o jogo tem suas regras. Se a criança aceita as convenções e entra no jogo, paralelamente também toma distâncias para encontrar a si mesma e recuperar seu espaço pessoal. Aí ela escapa ao sistema fechado de trocas da classe, desloca-se pelo sonho. O imaginário vem da frustração, de experiências da frustração. É o meio de reduzir a distância entre a realidade e o desejo e, de certa maneira, de dominar o real (Sami-Ali, 1974). Como as relações sociais entre professor e aluno se situam num sistema de normas, segundo uma forma imposta pela regra social, é no imaginário que se desencadeiam os afetos, que se expressam pulsões e desejos. Em compensação, as produções imaginárias agem sobre a relação entre o aluno e o professor. Elas reforçam o conflito ou são o meio de superá-lo, por sublimação.

capítulo III

A escola e a criança

A escola é um mundo fechado. Mesmo se ele se abre cada vez mais para o exterior, pela realização de projetos pedagógicos incrustrados no ambiente social, esse mundo, organizado para que se aprenda, tem suas características de funcionamento. Dentro dele, a pessoa pode sentir-se protegida ou oprimida. Diversamente do meio familiar, no qual ela possui seu canto pessoal, onde ela se encontra consigo mesma, na escola não é possível escapar à rede social.

Além disso, o ritmo do tempo nele está regulado, controlado: ritmos da jornada, da semana, ritmo dos anos escolares nos quais se traça o futuro. A interrupção da progressão, pela repetição de ano, questiona o investimento que se faz para o futuro. Ora, só se pode viver nesse mundo na perspectiva temporal de libertar-se dele.

Como vive a criança a escola, como se situa no interior da escola? Que significado tem a escola em sua existência? Que vínculos existem entre sua vida na escola, sua vida na família, sua vida com seus pares? Que repercussões os acontecimentos vividos ora na escola, ora no meio familiar, têm na criança? Com quais imbricações, quais encaminhamentos? Tais perguntas devem ser formuladas quando se quer compreender como se constitui a representação de si na criança, no pré-adolescente, ponto de amarração de seu imaginário.

1. A escola, lugar de aprendizagem social

O universo escolar apresenta um entrelaçamento de grupos de diferentes tamanhos (estabelecimento escolar, classe, grupos dentro da classe), regidos por um sistema de normas, de regras de funcionamento, que fixam imposições, estabelecem limites. No plano imaginário, é a lei que serve de referência comum. Nas relações da criança com esse universo, intervém o elemento terceiro que são os pares. O representante da lei é o professor que, por sua vez, está sujeito à lei do estabelecimento e da instituição escolar, representada pelo diretor. A escola é um lugar de aprendizagem social. A criança aprende a se comportar em função das expectativas do professor quanto às respostas cognitivas solicitadas por ele, quanto aos modelos de trabalho intelectual e aos tipos de conduta aceitos por ele, com maior ou menor margem de tolerância, conforme sua severidade ou indulgência. O funcionamento do grupo formado pela classe é regulamentado. Os papéis que cada um aí assume inserem-se no conjunto de papéis complementares no âmbito das interações e do contexto institucional. A partir da idade de dez anos, os papéis e os traços psicológicos que ajudam a diferenciar os indivíduos e a situar-se assumem cada vez mais importância para a criança. Nas interações, ela atribui aos outros intenções a seu respeito e reage de acordo com as interpretações que dá a isso. Ora, ela tem ocasiões diversificadas de procurar o sentido que a situação tem para ela e de comparar os efeitos dessas interpretações: na família, no grupo de pares na classe, nos colegas de fora da escola, ocasiões em que outras regras prevalecem. Ela procura os pontos de convergência e de divergência a propósito do que lhe parecem ser suas características próprias.

O meio escolar desempenha uma função psicossocial no desenvolvimento pessoal da criança e na construção de sua personalidade. A escola é o lugar onde ela se mede em conflitos sociais de tipo diverso daqueles que são vividos na célula familiar. Aparecem novas exigências, sobretudo no 6º ano, no trabalho escolar. Que lugar ocupar na estrutura social escolar?

A partir de onze-doze anos os pré-adolescentes procuram situar-se no devir escolar e em sua futura situação de adulto. Seu eu está sujeito à prova dos acontecimentos vividos. A apresentação feita por H. Hartmann (1968) do *eu*, instância específica de adaptação, de organização psíquica, em relação a um *si*, cambiante no tempo em função das imagens de papéis, permite melhor compreender o mecanismo de construção da identidade. O *eu* (*Je*) percebe seus *si* contínuos no tempo, e o ideal do Eu (Moi) é a imagem daquilo com que gostaríamos que se parecesse nosso si (E.H. Erikson, 1968, 1972). O conhecimento que o pré-adolescente tem de si mesmo é modulado de acordo com os resultados que consegue constatar. Ele avalia as distâncias entre o que desejava e o que aconteceu nos conflitos e os modos como eles se resolveram.

Os conflitos são de natureza diversa. Conflitos cognitivos nas comparações e diferenciações sociais: ele constata divergências entre seus quadros de referência e os de outras pessoas, que às vezes também estão divididas. Conflitos de valores, entre os valores escolares e os que procedem de certos grupos de pares, desacordos entre sistemas de valor ligados a grupos de pertencimento. Conflitos sociais, ao passo que o pré-adolescente tem necessidade de ser reconhecido, de ter um lugar entre os outros, necessidade de ser perfilhado, por reconhecimento recíproco com seu pares. Conflitos pessoais dolorosos, quando existe uma distância entre a imagem oferecida de si em espelho e aquela que ele gostaria de ter. Os julgamentos emitidos por outrem levam-no a se interrogar sobre si mesmo, ao mesmo tempo que tenta decifrar as características do outro e de confrontá-las com as que atribui a si próprio.

Pela escola, ele sabe que pode adquirir a autonomia, ao possuir os meios intelectuais de apreender e de tratar a realidade exterior. Mas só conseguirá afirmar sua pessoa depois de ter aceito as imposições da aprendizagem. Ou ele se sujeita a isso, interioriza as normas, responde com o esforço escolar, ou então recusa toda sugestão e reivindica sua independência imediata, por ruptura com o universo escolar, e até com a tutela familiar. Neste último caso, procura salvaguardar a imagem de si, adotando valores e comportamentos de um grupo de pares que lhe devolve uma imagem social mais favorável e junto ao qual ele pode afirmar-se. É o que costuma acontecer quando ele não se sente bem no meio familiar e acha que os pais lhe atribuem uma imagem social negativa (H. Rodriguez-Tomé, 1972). Pelos onze-treze anos, no início da escolaridade secundária, define-se para o aluno a aceitação ou a rejeição dos modos de funcionamento do sistema escolar, reflexo do funcionamento social.

Às vezes a oposição é passiva e manifesta-se pela inércia e pelo fechamento narcísico. Às vezes é aberta: o pré-adolescente provoca, descarrega sua agressividade no grupo, comete atos de transgressão.

A escola é um lugar de confronto com o mundo social. A criança nela observa os outros, adquire o reconhecimento dos comportamentos do outro, das intenções, dos valores, das normas subjacentes. Ela deseja ter o papel de certos colegas, dos quais inveja a posição. Experimenta o que poderia torná-la parecida com eles e constata os resultados que isso teria. São experiências que lhe mostram a distância em relação aos outros e que lhe devolvem a imagem de si mesma. Na escola ela tem vontade de vencer e passa, às vezes, por amargas desilusões.

2. A escola e a construção do Eu

O eu do pré-adolescente se constrói nas atividades sociais em que surgem continuamente obstáculos, em que aparece a competição. Dividido entre seus desejos e as obrigações da vida social, atazanado por conflitos internos, ele é levado a rever as concepções de sua integração social e de sua própria identidade, para dominar as situações. Porque toma consciência do futuro. Tem uma representação do tempo e das mudanças do Eu no tempo. A. Cartron-Guérin e P. Lévy (1980) afirmam a esse respeito que os bons alunos têm uma representação a mais longo prazo que a dos maus alunos e dão mais importância ao devir de sua pessoa na sociedade, ao passo que os projetos de futuro dos maus alunos referem-se mais à sua vida imediata no meio familiar.

No fim da infância, no início da adolescência, intervém uma crise de identidade, segundo E.H. Erikson (1968).

"Terceira crise de plenitude. À plenitude que deve ser realizada neste estágio, dei o nome de sentimento de identidade interior"; "para ter a experiência de semelhante plenitude, o jovem deve sentir uma continuidade progressiva entre o que conseguiu ser ao longo dos anos da infância e o que ele próprio pensa ser, e o que ele observa que os outros vêem nele e esperam dele".

A criança que entra no 6º ano aprendeu, em sua passagem pela escola primária, a controlar sua vida instintual e a adaptar-se à vida social. Sabe separar o pensamento racional dos fantasmas, o comportamento público do comportamento privado (P. Blos, 1967). Desde a pré-adolescência, antes da maturação pubertária, a descoberta que faz da realidade exterior está ligada à descoberta de si.

O momento de um crescimento acelerado se prepara. O pré-adolescente sente que deixa os modos de representação e de ação que dão segurança na infância, para enfrentar uma realidade mais dura (do ponto de vista escolar, do futuro), na qual ele se interroga sobre o que ele representa para os outros e sobre o que ele é para si mesmo. Abandona as imagens idealizadas da infância, ligadas à família, mas mesmo assim elas voltam a importuná-lo quando quer manifestar sua independência. Diante da complexidade do mundo dos adultos, em que os papéis se diversificam segundo as situações, o pré-adolescente procura situar-se, não no instante presente, mas no futuro. Deseja saber com quem e com que será parecido. Antecipa um estado futuro. O professor é um representante social: por ele o aluno pode aceder a um novo estado. É também a personagem-teste que o aluno enfrenta, que o reconhece ou que o rejeita, mas que, de todo jeito, coloca-o no mundo social. Que o aluno o aceite ou o conserve à distância, o professor é o meio de experimentar o que ele projeta ser, o meio de atrair ou de desafiar os outros.

O professor é um modelo visto em ação, no exercício de uma função, com uma particularidade: o aluno lhe atribui o conhecimento da existência, no plano pessoal e social. Em relação às expectativas que se tem da vida, o aluno pensa que o professor pode dar respostas. Por isso torna-se um suporte de identificação. O pré-adolescente e o adolescente se apropriam de um traço ou de um conjunto de traços de comportamento do outro. Ora, o professor possui certo número de atributos ligados à sua posição de adulto, à sua situação social, profissional, e à sua personalidade. Às vezes a identificação se dá apenas em aspectos parciais de sua maneira de ser. Movimentos pulsionais acompanham a identificação, movimentos que podem ser libidinais e agressivos. Surgem visivelmente no caso da identificação com o agressor. S. Freud (1951) mostra que a criança se defende das experiências traumáticas, repetindo ativamente as situações que teve de suportar. Para A. Freud (1949), a criança "introjeta algo do objeto de angústia" e, ao fazer o papel de agressor, procura dominar a situação. Para R. Spitz (1962), a identificação com o agressor é uma forma de identificação com o objeto libidinal e está ligada a uma experiência de frustração que suscita uma tensão agressiva. A respeito do processo de identificação, que é um motor do desenvolvimento da personalidade, pode-se indagar quanto às conseqüências da composição atual do quadro docente. De fato, mais da metade do corpo docente é constituído de mulheres[1]. Deve-se pensar, como E.H. Erikson (1968), que existe o risco de os alunos considerarem o conhecimento como feminino, e a ação como masculina? Será possível identificar-se a um papel, independentemente das características de sexo?

De qualquer forma, a identificação procede da apropriação de modelos que têm conteúdos concretos (maneiras de ser na vida social, maneiras de pensar). O pré-adolescente se orienta mais para um modelo do que para outro a fim de integrá-lo à sua estrutura de personalidade, na dependência de este corresponder ao seu ideal do eu. Trata-se de um reconhecimento de si no outro, ou melhor, de um re-conhecimento de si pelo outro. Porque o pré-adolescente vai à descoberta de si, de suas características em relação ao outro. O desejo de ter uma semelhança com o professor ou com um aluno que se sai bem, de tornar-se o que ele é, de chegar ao seu nível, é um estímulo para sua progressão pessoal, principalmente na aprendizagem escolar.

[1] Na publicação do INSEE, *Données sociales 1987*, aparecem as seguintes porcentagens, relativas ao pessoal docente do ensino público: 75,2% de mulheres no primeiro grau (1984-1985, na França metropolitana), 62% em colégios, 49,6% em liceus. Nos países anglo-saxões, o mesmo fenômeno é constatado: 68% de mulheres no conjunto do corpo docente, 83% no primeiro grau, 49% no segundo grau, em 1983 (*in* M.C. Wittrock, *Handbook of Research on Teaching*, 1986, p. 518).

3. A escola e a família

Na criança e, depois, no pré-adolescente, estabelece-se um vaivém entre a escola e a família, entre os dois sistemas de vida. A criança vai à escola como portadora da história de suas relações com os pais, de suas maneiras de reagir e de proteger seu eu diante das situações carregadas afetivamente. Ela verifica pela experiência, num outro meio, a pertinência de seus modos de reação. Porque a escola, mundo social, oferece uma diversidade de modelos: modelos vindos dos professores e também dos pares. Porque a criança constata oposições de valores, não é a mesma na escola e na família, e passa por processos antagônicos. Como ela quer ter relações sociais com os outros, ser integrada nos diversos meios, na classe, fora da classe, na escola, fora da escola com os colegas, ela procura ter os meios para conseguir isso, ou seja, os modos de acesso a esses diversos grupos. J. Lévine (1983) concebe o "imaginário escolar estruturado às vezes pela ameaça de exclusão, às vezes pela esperança de admissão, o que explica a existência de enredos que respondem, pelo modo do pensamento primário, à necessidade de provocar medo em si mesmo e de se tranqüilizar".

Mas o pré-adolescente tem consciência do jogo que ele sustenta. Quer integrar-se e, ao mesmo tempo, guarda suas distâncias, graças aos pontos de referência adquiridos no meio familiar. Do mesmo modo, questiona as regras de vida na família, em referência ao que ele descobre fora de casa. Porque percebe as diferenças culturais entre a escola e a família, bem como entre as famílias de seus camaradas.

Ele vive experiências sociais: é objeto de solicitações, de influências, e reage ativamente. Ora, durante esse período pré-pubertário, manifesta-se uma reativação dos processos de individuação, de separação, e da problemática edipiana. "O imaginário associado ao trajeto escolar remete ao imaginário trajetos do crescimento inicial. O sentido dado à escola depende da qualidade do imaginário de tipo oral da vitalização primeira (anexação do corpo dos pais, internalização de sua presença), da apropriação anal do corpo no sentido de subtraí-lo ao domínio parental, assim como do imaginário dos conflitos edipianos" (J. Levine, 1983). Perturbações nos investimentos de objeto e na relação consigo mesmo aparecem e afetam tanto sua vida na escola como na família. Na escola revelam-se os conflitos internos que o afetam. Os processos, homens e mulheres são objeto de transferências afetivas.[2] O aluno espreita as reações do professor para com ele, as provas de interesse, e teme os sinais de reserva (indiferença, ignorância). Quando o professor é objeto de amor, o aluno chama a atenção, seja pela participação ativa, pela aplicação no estudo, seja, quando isso não dá resultado, por manifestações mais espetaculares: atos de desordem na classe e até de revolta. Em sentido inverso, na família, repercutem os acontecimentos vividos na escola pela criança. Se há uma decepção, ou a criança conta aos pais, aos irmãos, se aproxima do grupo familiar, ou, ao contrário, projeta neles sua agressividade e procura proteger sua intimidade, o que é freqüente na adolescência. Em compensação, é muito difícil à criança fechar-se narcisicamente e não confrontar-se com os pais quando chegam os boletins com as notas e apreciações da escola. Se estes não correspondem às esperanças da família, a relação pais-criança fica abalada. Os pais fazem questão dos resultados escolares, reavivando seus desejos insatisfeitos, suas frustrações nesse campo. Às vezes há uma desproporção entre as exigências dos pais, que correspondem ao projeto deles para com a criança, e as possibilidades desta. Eles podem acusá-la de falta de aptidão ou atribuir-lhe a intenção de atingi-los pessoalmente. Seja como for, mesmo se a criança, o pré-adolescente, interiorizou as aspirações sugeridas pelo meio familiar, o significado de um fracasso não é o mesmo para ela e para seus pais.

As dificuldades escolares do pré-adolescente criam uma situação conflituosa na família, mais ou menos grave segundo as relações entre pais, entre irmãos, entre filhos e pais, de acordo com seu nível sociocultural. Distúrbios de comunicação na família, circunstâncias

[2] Ver um caso relatado por E. Buxhaum (em *Pédagogie et Psychanalyse*, textos apresentados por M. Cifali e J. Moll, 1985). Betsy decide estudar no colégio graças à transferência afetiva para com a professora. "Para que ela chegasse a fazer algo desagradável cujo sentido lhe escapasse, era indispensável que o fizesse por gostar de alguém, isto é, alguém deveria oferecer-lhe literalmente amor, provar-lhe esse amor, para que ela superasse o desprazer" (pp. 107-108).

da vida familiar que criam tensões (nascimento, separação ou mudanças nas condições de vida), aumentam a ressonância afetiva no pré-adolescente. Ora, ele está num momento crucial de sua vida. Primeiro no plano social, por causa da primeira orientação que é feita na classe de 5º ano. No plano pessoal, por causa do início da fase de desenvolvimento e de construção da personalidade.

Por causa de dificuldades escolares, o pré-adolescente pode manifestar desinteresse pela escola ou desinteresse por algumas matérias. A rejeição de uma matéria recai no respectivo professor. Ou a rejeição do professor leva a rejeitar a matéria que ele ensina. Constatam-se flutuações, de um ano para o outro, nos resultados e no interesse por determinada matéria, de acordo com a simpatia ou antipatia do aluno em relação ao professor e com sua representação do "bom" professor, descrito como aquele que domina a matéria, sabe explicar, ajuda a progredir, se preocupa com os alunos. O aluno transmite à família sua imagem do professor. Se os pais não tiverem ocasião nem vontade de falar com ele para esclarecer o conflito ou para conhecer a origem das dificuldades existentes, ficam com a imagem transmitida pelo filho e podem até reforçá-la ao tentarem intervir. Quanto mais as relações entre pais e mestres se passarem num ambiente de compreensão, no intuito de analisarem juntos o caso provocado pela criança e de chegarem a uma solução, quanto mais as representações recíprocas evoluírem, tanto mais a criança se sentirá apoiada e se libertará dos mecanismos de proteção e de defesa reacionais.

Mas é necessário que os pais transmitam aos filhos a confiança nos professores. Fora de casos extremos em que predomina a indiferença, os pais costumam ter atitudes muito categóricas para com os professores: entregam-se totalmente em suas mãos ou contestam-lhes a competência e as atitudes. Algumas matérias despertam mais desconfiança: o francês, por causa do tipo de valores que são destacados; a matemática, por causa da vivência pessoal dos pais quando alunos.

Os pais revivem, no momento em que o filho enfrenta os obstáculos da escolaridade, suas tensões inconscientes, as angústias originárias da infância. Eles as transmitem ao filho, às vezes sob forma dramatizada, o que o perturba ainda mais. Porque são despertados nele os fantasmas provenientes das imagens parentais, são revivificadas as angústias, as revoltas antigas. Em contrapartida, os acontecimentos vividos na família afetam a percepção dos professores e da situação escolar.

A situação é de conflito na família e na escola, em registros diferentes, mas com os mesmos harmônicos. Pelo conflito vivido na escola, o pré-adolescente aprende a renunciar a certas ilusões relativas a suas possibilidades pessoais, e a escolher algumas vias que lhe permanecem acessíveis. Ele progride porque toma consciência da realidade e reduz o campo de suas ambições. Depois de ter avaliado a distância entre seu projeto de ser e aquilo que é, ele vai se investir ou não na busca do saber, compreendendo que seu esforço se desdobra no tempo. Assim, é levado a aceitar ou a recusar as regras da situação escolar, dependendo de ter ele algo a desejar, de encontrar a possibilidade de mobilizar sua energia pulsional para o trabalho escolar.

capítulo IV

Situação da pesquisa: do estudo dos comportamentos manifestos ao estudo do imaginário na relação pedagógica

1. Apresentação crítica das linhas de pesquisa por uma abordagem diferente

A escolha do método de análise psicológica da relação pedagógica depende do tipo de investigação que se quer efetuar e do quadro teórico de referência. Na grande maioria das pesquisas, o foco é o estudo funcional da comunicação entre mestre e aluno.

I. Os estudos funcionalistas

O quadro de referência e os métodos são próprios da psicologia social. Seja porque se tenta observar os comportamentos e analisar suas interdependências, seja porque se busca estabelecer relações entre as condutas e a organização instituída, examinar os fatores que influenciam as atitudes dos professores. Ou, ainda, introduzem-se por procedimento experimental vieses que põem em destaque certos comportamentos. Os parceiros são observados no exercício de seus respectivos papéis, o do professor consistindo em provocar mudanças de ordem cognitiva e afetiva, segundo um procedimento estabelecido.

Mesmo quando a análise se concentra na relação professor-aluno em face a face, são principalmente os aspectos da influência do professor e da aceitação dessa influência pelo aluno que são examinados: modalidades de exercício do poder, no professor; falta de liberdade de ação e de expressão, no aluno; formas de cooperação ou de conflito. Diz-se, por exemplo, que a relação é solidária e estável se valores são compartilhados, o que supõe que o aluno aceita o conteúdo ensinado e os valores pessoais do professor, ou que é sensível aos ganhos ou às perdas que podem afetar sua posição no grupo da classe.

Uma teoria da comunicação, amplamente difundida nos Estados Unidos, postula que, quando existe uma similaridade entre o emissor e o receptor no contexto da comunicação, as interações são mais numerosas e facilitadas por atitudes, por opiniões compartilhadas e por um código comum de linguagem. Recentemente outros pesquisadores contestaram essa tese e mostraram que certas dissimilaridades podem ter efeitos positivos, sobretudo para as mudanças de atitude. Uma combinação de similitudes e de diferenças, no interior do contexto, parece dar origem à eficácia da comunicação. Porque, nesta abordagem, é a noção de eficácia que prevalece. Na situação pedagógica, fala-se então de eficácia do ensino, e alguns pesquisadores tentam medir a eficácia do mestre, seja com base em desempenhos atingidos por seus alunos, seja com base em avaliações feitas por estes.

Quando os trabalhos não se referem à eficácia do mestre, buscam mesmo assim determinar as relações de causa-efeito entre as atitudes, os comportamentos do professor e os do aluno, por meio de indicadores simplificados. Anderson e Brewer (1946) categorizam os professores de acordo com a tendência que estes mostram na utilização de meios de controle dominadores ou cooperativos. Kounin e Gump (1961) classificam-nos em punitivos ou não punitivos, os punitivos sendo os que provocam nos alunos comportamentos agressivos, conflituosos. Harvey, Prather, White e Hoffmeister (1968) caracterizam-nos segundo suas opiniões: distinguem os que são inflexíveis e categóricos dos que têm opiniões abertas e flexíveis. Essas dimensões bipolares são interessantes para estabelecer correlações estatísticas, mas podem deformar a realidade, muito mais complexa, da relação do professor com o aluno, e desprezar os indicadores específicos à sala de aula, que seriam mais pertinentes.

Alguns pesquisadores usam o procedimento experimental para examinar os efeitos que comportamentos verbais de avaliação positiva ou negativa ou não verbais (sorrisos, movimentos com a cabeça) do professor podem ter sobre a aceitação pelo aluno de expressar os próprios sentimentos. Eles comparam os efeitos obtidos em grupos de alunos por professores experimentadores, que dominam sistematicamente o comportamento para obter combinações variadas de situações (comportamentos de avaliação verbais e não verbais, tanto positivos como negativos; comportamentos cruzados verbal positivo com não verbal negativo, e o inverso). Woolfolk-Garlinsky e Nicolich (1977) mostraram assim, por exemplo, que a aceitação de expressar os próprios sentimentos depende mais, para o aluno, das características do professor do que do sexo deste último.

O resultado de certos trabalhos é decepcionante porque levam quase sempre a encontrar indicadores da eficácia do professor (na base da competência, do entusiasmo, da empatia, por exemplo). Ora, seria mais interessante examinar de modo diferencial como as representações que os alunos têm dos professores, segundo as características pessoais, sociais ou psicológicas do docente, ou as representações que os professores têm dos alunos, influenciam seu comportamento. Constata-se, porém uma evolução nesse sentido de uns tempos para cá.

Os fenômenos de discriminação dos alunos, efetuada pelo professor, de modo positivo ou negativo, foram muitas vezes estudados pelos pesquisadores, sobretudo quando se trata de discriminação racial ou social. Em compensação, a discriminação que se refere a diferenças de características individuais dos alunos não foi tão estudada. Quando isso acontece (Lightfood e Carew, 1976), consiste em correlacionar os comportamentos observados do docente com as finalidades, com os valores que este proclama, ou a analisar os processos de individualização do ato pedagógico instaurados para responder, de modo adaptado, às necessidades da criança. O quadro de referência é, no caso, mais pedagógico que psicológico. Quando há o inverso, a pesquisa refere-se sobretudo aos aspectos negativos da discriminação, principalmente à categorização que atinge os alunos "deficientes" ou "desviantes", e às conseqüências que ela acarreta em seu desenvolvimento cognitivo, afetivo, social, ou, de modo menos redutor, à categorização proveniente da condição escolar do aluno. Outros estudos, no entanto, procuram captar no professor os móbeis mais secretos de seu comportamento e tentam descobrir a influência da atração que certos alunos exercem sobre ele, sobretudo relacionando a natureza e o número de interações com cada aluno, e a atração declarada pelo professor (Algozzine, 1975).

Os trabalhos mais profícuos estudam como as representações recíprocas levam os parceiros a garantirem um certo comportamento no papel desempenhado; analisam a regulação involuntária ou intencional das trocas. Uma síntese disso é representada por Good e Brophy (1974), e refere-se à influência da situação escolar do aluno sobre o comportamento do professor (modalidades diferentes de questionamento, de reforço, freqüência e qualidade dos contatos), a relação entre as atitudes do professor e seu comportamento, e a influência de suas expectativas a respeito dos alunos, de suas expectações de resultados sobre seu comportamento para com eles. Na França, M. Gilly (1980) mostrou como os comportamentos do aluno esperados pelo professor correspondem à sua representação do que é o bom aluno, aquele que se conforma à demanda escolar, aos objetivos que lhe são propostos, enfim, aquele que adere às regras do jogo escolar. O papel profissional do docente leva-o a construir suas representações do aluno a partir da expectativa que tem quanto aos resultados escolares, porque a instituição privilegia esses valores. Essas pesquisas esforçam-se para ir além da mera descrição e chegar aos determinantes das condutas dos professores e dos alunos.

Em resumo, a abordagem da psicologia social centra-se no estudo da implantação de uma estrutura de papéis, através do jogo das interdependências e das complementaridades; interessa-se agora pelos determinantes do comportamento do professor e do aluno em suas interações, recoloca-os na estrutura social e cultural da situação pedagógica, e examina quais forças coletivas neles se exercem.

Ela é necessária para pôr em destaque mecanismos de funcionamento sobre os quais se pode exercer uma ação de mudança: modificações do sistema escolar e das estruturas pedagógicas, modificação da formação dos professores.

Uma outra abordagem, porém, complementar da primeira, é indispensável para captar os aspectos não manifestos, latentes, mas fundamentais no jogo das forças individuais, que levam à aceitação ou à recusa da situação econômica.

Por exemplo, enfatizou-se muitas vezes a relação que existe entre o conteúdo ensinado e a personalidade do professor, porque este, aos olhos do aluno, deve encarnar certos aspectos específicos da matéria.

A psicologia social reduz essa questão ao estudo da diferenciação que o aluno estabelece entre seus professores em relação com o que ele deseja. Ou tem a intenção de dominar a matéria, e julga o mestre de acordo com a capacidade que este tem de responder à sua demanda de aluno — será uma relação funcional, baseada na percepção que ele tem da competência do professor. Ou então tem menos preocupação com a eficácia, e a relação é mais afetada por sentimentos difusos de simpatia do que por aspectos funcionais. A diferenciação é nítida à medida que o aluno adquire mais idade e atinge um nível escolar mais complexo.

II. O estudo do imaginário

No entanto, fora da maneira adotada pelo professor no exercício de seu papel, em função de suas características específicas, em determinada matéria — que apresenta maior ou menor importância aos olhos do aluno, segundo seu projeto de carreira escolar — existem formas subterrâneas de ação conforme o aluno perceba uma concordância entre a personalidade do professor e os traços peculiares à matéria. Certas características são atribuídas no plano imaginário à matéria, além da importância que ela possa ter nas decisões que os professores tomam quanto ao futuro escolar do aluno, e que se concretizam nas mudanças de classe, na escolha de uma seção. Outras são atribuídas ao professor de determinada matéria, conforme ele corresponde a uma fantasmática que lhe está vinculada. Além disso, o aluno é movido, em sua aproximação ou em sua inibição para com o professor, pelo desejo de ser confirmado: ele procura prever se o professor tem ou não a possibilidade de corresponder a esse desejo.

Como perceber os encaminhamentos latentes da relação, aqueles que fazem com que um aluno aceite ou não tal professor, que fazem com que ele se sinta atraído por ele, ou, ao contrário, o rejeite?

A psicanálise prende-se a questões gerais, tais como as referentes às relações entre psicanálise e educação, as referentes à palavra e ao desejo no campo pedagógico, ou à escuta educativa.

Aborda às vezes, pelo estudo de casos extremos, as relações que se estabelecem entre educador e aluno. Ela distingue assim a importância da evolução libidinal, da relação de objeto, do processo de identificação do aluno com o professor, da sublimação, da idealização.

Quando empreende *enquêtes* mais amplas, pode detectar certas constantes provenientes da natureza da situação educativa. J. Filloux (1974, 1981) mostrou que o papel do saber era evitado no discurso dos professores — que são os representantes do saber — mas que aparecia no dos alunos, sob o desejo de crescimento e de mudança. Entretanto, que investimento o aluno faz no saber? Sob que forma? Qual é a organização libidinal que o comanda? Que relações o aluno estabelece entre o saber e a pessoa do professor? Em geral as questões são formuladas mas não abordadas com nitidez.

Como o professor é, para o aluno, confundido com o saber, e como ele captura o desejo, em seu nome, como diz C. Rabant (1973)? Qual é a natureza do vínculo que se estabelece entre o aluno e o professor? O professor favorece inconscientemente o apego à sua pessoa pela sedução ou pelo poder que possui?

A investigação psicanalítica, pelo estudo dos casos individuais, põe em evidência as linhas maiores das forças que se exercem na situação pedagógica. Mas é necessário conceber um outro modo de pesquisa, que busque analisar de modo diferencial as relações que existem, no plano imaginário, entre aluno e professores que encarnam determinadas matérias.

2. Linha da pesquisa apresentada

Quanto ao que é observável atualmente na situação, trata-se de detectar o que está latente na práxis, e o que a modifica à medida que a relação se desenrola.

I. Uma abordagem fenomenológica

O aluno percebe o professor em séries de experiências da vida em sala de aula, em que cada um também sabe que está sendo percebido.

Cada qual tem, em si, a experiência da situação e do outro. Vamos aqui nos concentrar no aluno: o que ele retém do professor, aquém da comunicação, do saber? O que ele quer ser aos olhos do professor a fim de ser reconhecido, e o que quer esconder?

O professor é figura de referência do outro para o aluno, do outro de quem é preciso desligar-se para construir a si próprio. O aluno utiliza as situações que vive para encontrar a si mesmo. De certa forma, ele quer ser livre, liberto das contingências da situação, desligado do professor e do saber.

A fenomenologia busca analisar a relação da consciência de si com a realidade vivida, bem como confrontar o resultado do movimento da consciência de si com a realidade efetiva, observável exteriormente. Em estudo anterior (Postic, 1977), tentei introduzir pontos de referência observáveis e correlacionar o levantamento de observações com percepções, pelos diversos parceiros, da situação vivida. A presente pesquisa concentra-se no estudo da relação da consciência que o aluno tem de si, no registro do imaginário, com a experiência que vive junto a dois professores diferentes, que encarnam duas matérias diversas, a matemática e o francês.

O registro imaginário é o do mundo latente em nós, feito de arquétipos e de esquemas primitivos de ações, mundo que é solicitado pela realidade. G. Durand (1969) fala da "contínua troca que existe no nível do imaginário entre as pulsões subjetivas e assimiladoras e as intimações objetivas que emanam do meio cósmico e social". A imagem, forma imediata de apreensão do objeto, surge da repercussão em si da realidade, do desencadeamento de ressonâncias, e gera uma cadeia de outras imagens que se articulam quase sempre em torno de pólos contrários (subir-descer; penetrar-ser penetrado etc.). O dinamismo gerador é, de fato, a característica do imaginário, que tem o papel de suprir uma falta e de neutralizar os efeitos da experiência vivida, e até de exorcizá-los. O imaginário surge quando funciona o jogo do possível em referência ao real.

O estudo das imagens e dos esquemas imaginários de ações suscitados pela experiência da relação com diversos professores permite revelar a natureza das ressonâncias íntimas no aluno dos acontecimentos que ele vive, e o modo de funcionamento desses acontecimentos, os investimentos feitos nas pessoas e, mais geralmente, a remodelagem dos elementos da situação vivida, em relação com estruturas pulsionais. A função do imaginário é tomar distância relativamente aos objetos da situação, conferir-lhes papéis possíveis, a fim de conjurar sua ação. É a realidade virtual, aquela que poderia eclodir, que talvez nunca chegue a aparecer, mas que está sempre presente, traduzindo tudo o que alguém põe pessoalmente na situação. Não é um reflexo das trocas, nem um recuo em relação às situações vividas; é a emergência de uma vida paralela, num outro registro. O aluno não se coloca diante da situação educativa para vê-la com isenção. Ele está dentro dela. Por isso é necessário voltar aos aspectos simbólicos da organização que ele lhe atribui, perceber os significados que ele dá, no registro do imaginário, às forças que agem no sistema relacional em que está engajado.

Ao conceder um amplo espaço à produção de imagens subjacentes, graças às técnicas projetivas, poderemos examinar como elas se organizam em relação à representação do campo pedagógico no aluno e como podem ser interpretadas em relação à estrutura desse campo.

II. O imaginário do aluno, diante de seus professores e professoras de matemática e de francês

Até agora, o imaginário dos educadores tem sido mais estudado que o dos alunos, e os trabalhos mais esclarecedores referem-se sobretudo aos formadores de adultos.

Foi assim possível destacar séries de fantasmas inconscientes que se organizam em torno das pulsões contrárias de vida e de morte, de amor e de ódio, ou que têm origem na relação primitiva com a mãe, tal como é descrita por M. Klein (R. Kaes, 1973, 1976). No educador, modelar o aluno segundo seu próprio desejo, procurar-se no outro mais jovem, destruir tudo o que lhe resiste e lhe escapa, são fantasmas particularmente ativos. A situação de formação aproxima-se do universo materno em que o formador é identificado com a mãe que alimenta, protege, ou, ao contrário, recusa o alimento, universo em que o grupo de formação explora com avidez os recursos maternos e procura possuir, e até atacar. Talvez sejam os fantasmas de devoração, tanto no aluno quanto no professor, que provocam efeitos de angústia particularmente vivos em certas situações de luta consigo mesmo e com o outro.

É costume apresentar os elementos do imaginário que são os fantasmas, sem procurar analisar sua articulação ou a dinâmica que os anima. O significado de um fantasma só pode ser conhecido se ele for situado num conjunto de forças interiores que se exercem sobre o aluno e no contexto da situação pedagógica que ele vive. Certos processos intervêm na relação interpessoal professor-aluno e orientam o jogo imaginário paralelamente às interações manifestas.

A escola veicula modelos, alguns deles provenientes de representações ligadas à matéria ensinada, como a matemática (Degouys-Postic, 1983); outros são modelos de identidade transmitidos por meio das pessoas que garantem a direção e o ensino. A identificação com o professor, ou a contra-identificação, é um processo ativo que afeta o aluno durante toda a sua vida escolar. Ele interioriza uma atitude, um papel do modelo que encarna a seus olhos um aspecto ideal, e depois o abandona em proveito de outro, sua personalidade constituindo-se assim por reajustamentos sucessivos. O modelo não é o próprio objeto, isto é, o professor, mas o que ele representa como norma ideal. É nesse sentido que a representação da matemática ou do francês pelo aluno orienta o processo de identificação, conforme tal professor a isso corresponda ou não. E aí intervém o sexo do professor que encarna uma matéria carregada de um potencial imaginário. Na realidade, os processos de identificação não levam apenas a adotar determinado papel, mas levam sobretudo a criança a reconhecer o valor simbólico do objeto.

Ora, todos esses mecanismos que funcionam na vida escolar devem ser re-situados no conjunto do contexto relacional de cada criança, de suas experiências vividas com os pais e com os outros professores, anterior ou simultaneamente. Deslocamentos se produzem, por transferência para o professor, de atitudes emocionais inconscientes, de manifestações afetivas sob forma positiva ou negativa; por atribuição de qualidades específicas, de sentimentos, de desejos, ao professor ou a outros alunos, que a criança procura ou recusa em si mesma. Como o professor tem uma posição privilegiada no grupo da classe e na instituição escolar, assume uma função simbólica de guardião da lei.

O imaginário do aluno refrata, portanto, todas as imagens associadas a desejos, a pulsões internas, e se organiza graças aos processos fundamentais que regulam o jogo relacional. As produções desse imaginário variam segundo o contexto no qual eclodem e, na situação pedagógica da escola, segundo a pessoa do professor e a matéria que ele ensina.

O imaginário das crianças na escola costuma ser mais estudado sob o ângulo pedagógico do que psicológico, seja por C. Freinet ou por E. Freinet (para os textos livres ou os desenhos infantis), seja por G. Jean (1976) (para a poesia).

Depois de Gaston Mialaret, que já havia mostrado, no Congresso Internacional de Psicologia da Criança em 1954, quanto os aspectos afetivos interferem no ensino da matemática, sobretudo os fenômenos de inibição, e havia insistido nas dificuldades relacionais entre o professor de matemática e seu aluno, cabe a J. Nimier (1976-1980) o mérito de ter sido um dos pesquisadores que abriu o campo de investigação sobre o imaginário, relativo à matéria ensinada. Ao constatar que a maioria dos estudos sobre o ensino de matemática tratava dos aspectos cognitivos da disciplina, quase sempre numa perspectiva genética, ele fez a seguinte pergunta: "E se o imaginário interfere na matemática?". A partir daí, sua intenção foi "compreender o que é vivido, o que a matemática representa para o sujeito em sua economia pessoal, em relação com os outros". Assim o investimento pessoal do aluno na matemática ultrapassa a simples motivação para o estudo de matemática e afeta toda a sua pessoa. Depois de ter analisado o vivido "em função de certos temas: ordem, perigo, defesa contra os perigos, valores narcísicos; em função de atitudes diversas: procura, amor, ódio", J. Nimier enuncia sua tese principal, em seqüência a uma comunicação de G. Dumas (1973): "Lidar com a matemática pode provocar a ressurgência da angústia de castração ou, ao contrário, de defesa contra essa angústia. Talvez seja nesse jogo pendular, em que a matemática é investida como objeto de angústia ou como objeto de defesa contra a angústia, que se situem o fracasso ou o sucesso em matemática."

Não vamos aqui fazer uma crítica do método de pesquisa de J. Nimier nem de suas principais conclusões. Vamos apenas fazer uma observação fundamental para o intuito de nossa pesquisa: no seu livro, J. Nimier fala pouco do professor de matemática. Mesmo se reconhece esquematicamente que na classe há os alunos, o professor e a matemática, uma espécie de triângulo, ele privilegia um lado desse triângulo, isto é, a didática da matemática na economia libidinal dos alunos. Ora, se a matéria ensinada é, como tal, o suporte de uma fantasmática específica que regula de certa forma a dinâmica das trocas, uma outra fantasmática tem igual importância: a que está ligada ao sexo do professor que a encarna. Um curso de matemática dado por uma professora não tem as mesmas ressonâncias imaginárias se for dirigido a alunos ou a alunas e, de modo concomitante, quando é dado por um professor a alunos ou a alunas. O próprio J. Nimier notou diferenças no vivido das alunas e dos alunos com referência à disciplina, mas não dá respostas ao porquê dessas diferenças.

Impõe-se, portanto, considerar a influência da matéria ensinada, por um lado, e a da pessoa do professor, caracterizada do ponto de vista do sexo, por outro lado, sobre o imaginário dos alunos. É o motivo pelo qual foram escolhidas as duas matérias que em geral são consideradas como opostas (campo científico e campo literário) e classes que permitem considerar as diversas combinações possíveis.

capítulo V

Aspectos metodológicos dos processos imaginários: a prova das Alegorias Animais

Enquanto, para o estudo dos comportamentos manifestos da relação pedagógica, a observação direta é o instrumento de coleta de dados, o estudo dos processos latentes utiliza outras técnicas.

Nas investigações em que o pesquisador procura a expressão do imaginário, seja para situar as posições do professor e do aluno no campo pedagógico (J. Filloux, 1974), seja para detectar o desejo de ensinar (M.-C. Baïetto, 1982), seja para conhecer a experiência corporal em sala de aula dos parceiros da relação pedagógica (C. Pujade-Renaud, 1983), o discurso de alguém que transmite a outrem sua experiência é o objeto da análise.

A técnica habitualmente utilizada é a *enquête* por entrevista não diretiva, buscando explorar as representações e os sentimentos induzidos pelo tema escolhido, de modo a perceber o significado da relação do sujeito com o problema (J. Filloux, 1974). Com outro vocabulário, diz-se que é solicitada a implicação do professor em seu discurso (M.-C. Baïetto, 1982).

Pensa-se assim "abrir um certo acesso à ordem dos processos psíquicos como são expressos num discurso", e analisar "o que marca a palavra, não tanto como discurso de verdade mas como álibi", já que o discurso dirige-se a outra pessoa (J. Filloux, 1974). No discurso, o pesquisador procura seguir o imaginário, que remete ao desejo do sujeito interrogado, com múltiplas transformações. A amostra é em geral muito limitada: dez professores que deram aula no 3º ano e dez alunos voluntários de 3º e de 2º anos (J. Filloux, 1974), dez alunos de quinze a dezoito anos (Cl. Pujade-Renaud, 1983), doze professores que tentaram uma prática diferente com métodos tradicionais (M.-C. Baïetto, 1982).

A técnica da entrevista não se confunde com a do questionário, que requer um levantamento *a priori* dos elementos a considerar e exige que o sujeito tome posição ao efetuar escolhas entre eles. Os assuntos são classificados segundo o grau de semelhança ou de proximidade. Pelo questionário, testam-se hipóteses, identificam-se categorias de sujeitos, reagrupamentos típicos de respostas; nunca se descobrem pistas desconhecidas. Mesmo quando B. Rimé e P.-Ph. Leyens (1968) propõem uma escolha aberta com questões diretas (''Qual dos seus professores você escolheria como modelo, isto é, aquele com quem você gostaria de ser parecido nas atitudes, nos comportamentos'' ou ''Sua classe vai passar uns dias em Paris. Irá com vocês o professor que for escolhido. Quem é que você escolhe'') para abordar o estudo da identificação do aluno com o professor, eles não podem aceder ao processo em si e devem contentar-se com indícios de proximidade ou de distância entre indivíduos. Já o questionário permite verificar, junto a uma amostra representativa dos sujeitos em questão, a pertinência das análises de conteúdo das entrevistas. Compreende-se, por exemplo, que J. Filloux (em colaboração com C. Laville, 1979) tenha a ele recorrido depois de sua pesquisa.

As entrevistas não trazem material para a análise a não ser que os sujeitos aceitem entrar no jogo diante de um interlocutor que os instiga, e a não ser que sintam o desejo de formular para si mesmos o que estão sentindo. Entre os professores, os voluntários para a entrevista são em geral pessoas engajadas, até militantes. Seu discurso costuma resvalar para a racionalização de sua prática. A relação entre entrevistado e entrevistador é afetada pelas representações que cada um tem do outro. A dinâmica dessa relação leva a uma espécie de cumplicidade na re-criação pelo entrevistado de seu próprio universo, graças à linguagem. Uma condição é necessária para aceder ao registro do imaginário: o entrevistado deve estar em busca de si, durante a entrevista, sentir as defasagens entre o que ele expressa e aquilo que acha ou sente, retomar sua forma de expressar-se, reconstruir-se à medida que fala. O imaginário surge nos interstícios da construção de si diante do pesquisador.

Tal procedimento não é fácil com pré-adolescentes de onze-treze anos. Por esse motivo as provas projetivas parecem mais adequadas a este tipo de investigação.

1. Provas projetivas

O sujeito é posto diante de situações pouco estruturadas, de material ambíguo (pranchas com desenhos, manchas etc.) suscetíveis de desencadear associações. Ou então recebe uma ordem aberta: desenhar uma árvore, uma personagem, arrumar à vontade os elementos de uma construção. "Como na situação psicanalítica, a ordem que deixa ao sujeito a maior liberdade é ao mesmo tempo para ele uma imposição. Ele fica condenado a ser livre, isto é, a revelar-se a si mesmo. O que significa ser livre, além de ser exteriormente livre de realizar os próprios desejos? Mas essa perspectiva também mobiliza no sujeito a angústia diante da emergência dos desejos interiormente proibidos, a vertigem diante do campo dos possíveis, o medo da liberdade" (D. Anzieu, 1961).

A situação psicológica assim criada desperta os conflitos internos do sujeito e provoca angústia e regressão.

"A angústia está associada a representações fantasmáticas inconscientes, que transparecem no conteúdo das respostas do sujeito, ao passo que os mecanismos de defesa do Eu contra a angústia e contra os fantasmas se manifestam mais nas características formais das respostas" (D. Anzieu, 1961).

O mecanismo de projeção, presente nas provas projetivas, é do tipo deslocamento: "Repelir para fora o que se recusa reconhecer em si mesmo ou ser em si mesmo" (Laplanche-Pontalis, 1963). "A projeção conserva o conteúdo inconsciente ao deslocar o objeto desse sentimento" (Anzieu, 1961).

Pela prova projetiva, procura-se "conseguir que o inconsciente se manifeste, libertado dos entraves que o impedem habitualmente de expressar-se", mas "o Eu, essa instância da personalidade que está encarregada da adaptação à realidade, vai também interferir para conciliar as pulsões, e as narrações que nos serão feitas corresponderão à expressão dos conflitos entre a vida instintiva e a censura do Eu" (L. Corman, 1973-1974). Um processo inconsciente reaviva no sujeito as marcas deixadas por um acontecimento, quando lhe pedem que imagine, a partir de uma situação que atua como estímulo. O sujeito não atribui às personagens as reações e sentimentos que o afetam na realidade, porque os mecanismos de defesa intervêm. O Eu controla, de modo a elaborar uma história que pode ser transmitida. A respeito do TAT (Thematic Apperception Test, de Murray), V. Shentoub (1972-1973) diz que o sujeito se encontra diante de uma exigência contraditória: entregar-se à fantasia, e controlá-la pela razão para torná-la transmissível a outrem. Mesmo se a elaboração é consciente, o produto é uma transposição de fenômenos inconscientes.

2. O material de uma prova projetiva

As situações que servem de suporte à projeção devem ser adaptadas ao tipo de investigação e à população estudada. A projeção com relação a animais foi muitas vezes proposta a crianças, sob diversas formas.

I. O tema do animal

O tema do animal aparece com freqüência nos textos infantis. Na análise de produções livres de alunos do CE (Curso Elementar) ao CM2 (Curso Médio 2) feita por B. Duborgel (1983), um entre quatro textos comporta o tema do animal (25,8%). Nesses textos, dez nomes de animais correspondem, pela freqüência de aparecimento, à metade dos casos: cachorro, gato, cavalo, pássaro, peixe, coelho, elefante, animais, macaco, vaca. As situações de valorização do animal, ou de relação favorável, aparecem em 70% dos casos, contra 30% de "desvalorização" ou de relações mais ou menos negativas (animal para ser caçado, comido, destruído, animal ladrão, animal a domar, a explorar). A relação de atendimento afetivo entre companheiros prevalece.

O animal permite "a formulação de um sonho, de uma relação e de um mundo diferentes: mundo explicitamente fantástico (entre os mais jovens, sobretudo, com os 'animais humanizados', ou associações homem-animal), à moda da simpatia universal, contra as habituais clivagens. Nesse sentido, o tema do animal é uma espécie de operador de narrações literariamente fantásticas tanto quanto psicologicamente fantasmáticas. Convém no entanto notar que, à medida que a criança cresce, os animais que ela apresenta em suas narrações vão ficando mais próximos de sua 'realidade' zoológica" (B. Duborgel, 1983). Os pedagogos, tanto quanto os psicólogos, concordam em que a criança encontra no animal o parceiro de jogo e a personagem fantasmática na qual são projetados desejos e pulsões. "O animal é o lugar projetivo ideal das pulsões, dos interesses, dos fantasmas, da necessidade de ternura como da necessidade de dominação das crianças", escreve P. Lequeux (1977), que distingue no bestiário dos contos três grandes categorias: animais de lenda (asno, carneiro, cabra, lobo), animais de encanto (peixe, pombo, cisne, pato), animais de afeto (gato, cachorro, coelho). P. Bour (1971), a respeito do teste das Afinidades Animais, atribui a sensibilidade que a criança tem ao animal "à riqueza específica do próprio mundo animal, que nos antecedeu e preside em nós inconscientemente os rudimentos de nossa vida instintual e afetiva".

II. O animal nas provas projetivas

A mais conhecida das provas projetivas que utilizam o animal é a de L. Corman, o teste Pata preta (teste PN—Patte noire—1961). Essa prova insere-se na linha do Blacky de Gérald S. Blum, que se apóia na identificação fácil das crianças com os diversos animais familiares, retomando os estágios do desenvolvimento segundo Freud (oral, sádico-oral, anal, sádico-anal, edipiano), como, a seguir, fez também L. Corman. Cada imagem é apresentada à criança, no Blacky, na ordem dos estágios. L. Corman opta por uma técnica livre.

A identificação é o processo central. "Concepção clássica dos testes de projeção, segundo a qual o sujeito testado identifica-se mais ou menos conscientemente com a personagem que está no centro de sua história. É o que chamamos identificação de tendência, para enfatizar que o sujeito, aqui, identifica-se com o herói, com aquele que realiza a ação, ação que é a expressão realizada de uma tendência profunda" (L. Corman, 1961).

As pranchas do teste PN representam uma família de porcos, três pequenos e dois grandes, figurando os pais. A criança se projeta no herói da história, Patapreta, cujas aventuras estão reproduzidas nas pranchas. Mas a natureza de algumas pranchas a impede de se identificar com ele, porque podem provocar na criança angústias conflituosas que ela não consegue suportar. Ela arruma, então, os temas das narrações de modo a atenuar as situações dramáticas, ou foge à situação não assumindo o papel do herói. Neste último caso, ela realiza uma identificação de esquiva, de defesa, para escapar a uma situação ansiógena (identificação com o outro sexo, por exemplo), ou identifica-se com o agressor, ou rejeita a identificação. No Manual 3 (1976), L. Corman invoca a regra de investimento por projeção de nós mesmos sobre os outros: damos-lhes um valor que eles não tinham em si, mas que é valor para nós.

No teste do Bestiário de R. Zazzo (1964), propõe-se à criança que faça escolhas e rejeições entre os animais (se você fosse um animal, que animal gostaria de ser, e por quê; qual não gostaria de ser, e por quê; de que animais você gosta, de quais você não gosta).

Pode-se detectar a identificação com animais amados, a contra-identificação com animais não amados, correlacionar as respostas às diversas questões do teste, para situar a temática inconsciente que preside as escolhas e as rejeições. "Identificação e contra-identificação devem ser compreendidas como uma clivagem entre os desejos que a criança aceita, assume, valoriza, e os desejos — expressos projetivamente como medos — que ela rejeita, recusa, desvaloriza", escreve N. Bon (1981), que fez um estudo sobre 719 crianças entre quatro e dez anos. Esse pesquisador distingue três zonas de escolhas principais: 1) o cavalo (13%), o macaco (3,2%); 2) os animais passivos, pacíficos (gato, 16,3%, cachorro, 15,9%); 3) os animais que podem ser qualificados de fálicos, com problemática de força, de dominação (leão, com 16,4% da escolha dos meninos, elefantes, felinos). Nas contra-identificações, encontram-se: 1) os animais agressivos, que exprimem o medo de ser agredido (o leão, rejeitado por 21,7% das meninas, por 13,6% dos meninos; os felinos, o lobo, o crocodilo, a cobra); 2) os animais com atributos de dominação (o elefante, 6,6%, a girafa, 2,8%), de feiúra (o macaco, 3,8%), de agressividade por causa dos chifres (a vaca, 2,7%, o rinoceronte, 2,5%); 3) os animais vulneráveis, que se deixam matar, que vivem de modo precário (o pássaro, 3,7% dos meninos, 1,4% das meninas; o coelho, o camundongo, os insetos). Em artigo mais recente, N. Bon e colaboradores (1983) dizem que quatro animais concentram quase a metade das escolhas de crianças de quatro a dez anos: cachorro, cavalo, leão e gato; o cachorro e o gato aparecem como símbolos da atitude de submissão aos pais e de interiorização dos modelos parentais e sociais do período de lactância. O pássaro, escolha narcísica, costuma aumentar com a idade. Alguns animais são mais femininos (gato, macaco, esquilo, cachorro), outros mais masculinos (leão, elefante, pássaro, felinos, touro). Nas rejeições encontram-se o leão (17,1% das rejeições), a cobra (8,1%), o elefante (6,6%), os felinos (6,5%), o cachorro (5,1%). Globalmente as rejeições não variam com o sexo. Entretanto, o leão é mais rejeitado pelas meninas. O touro e o pássaro, que simbolizam a passagem ao ato agressivo e a idealização narcísica, são principalmente masculinos. O exame dos pares e animais escolhidos e rejeitados mostra que existem afinidades significativas entre o animal com o qual a criança se identifica e aquele com o qual ela se contra-identifica (gato-leão; cachorro-leão; elefante-leão).

Muitas outras provas projetivas utilizam o animal: teste das afinidades animais, teste das metamorfoses etc. O modo de produção solicitado à criança é variado. Vai do comentário de pranchas pictóricas até a narração.

3. A produção de uma narração

A forma de narração parcial ou completa existe em inúmeras provas projetivas. As provas das fábulas de Louisa Duss (1950) não solicitam a produção de uma narração, mas propõem oralmente uma narração (fábulas do cordeiro, do elefante, do passeio, do medo etc.) que suscita um comentário. Outras provas oferecem uma cena representada numa imagem com uma frase dita por uma das personagens. Pede-se ao sujeito que dê a réplica, colocando-se no lugar da outra personagem. Elas se inserem na linha do teste de Rosenzweig[1],

[1] Bernard Marquet e Loïc Villerbu (Laboratório de psicologia, Universidade de Rennes II), em trabalho inédito, criaram um teste das reações ao fracasso, que deriva de modo direto do teste de Rosenzweig: vinte situações apresentam, sob forma de imagens, incidentes próprios à atividade pedagógica (obstáculo material involuntário, afirmação culpabilizante, relação de dependência-submissão etc.); o aluno é convidado a reagir diante da situação e do que lhe diz o professor. A grade de análise das respostas inspira-se nos indicadores de Rosenzweig.

no qual as situações são apresentadas como uma história em quadrinhos, com as palavras da personagem frustrante num balão e com um balão em branco, correspondente à outra personagem, a ser preenchido pelo sujeito do teste. Para o estudo da relação educativa, há um exemplo italiano (Ronco e col., 1976). Mas a prova solicita a reação do educador (pai ou professor) e não a do aluno, em vinte situações na escola e na família. A análise refere-se ao grau de afabilidade de comportamento e ao tipo de controle exercido na situação pelo educador.

Há uma prova projetiva fundada na convicção de que mandar contar uma história favorece as produções imaginárias: o teste das Três Personagens, de M. Backes-Thomas (1969). Pede-se que sejam imaginados três personagens, indicando-se o sexo e a idade. Vinte perguntas guiam o sujeito nessa tarefa (descrever as personagens, dizer o que fazem, onde vivem, o que sentem, imaginar um encontro entre elas etc.). O autor do teste espera mobilizar as posições edipianas nessa situação triangular, fazer aparecer as imagens parentais interiorizadas e refletir toda a gama dos conflitos relacionais. A pergunta XV "se você se colocar especificamente no ponto de vista de um deles, como percebe o papel que os outros dois têm na sua vida?" leva a conhecer a identificação maior do sujeito. A teoria psicanalítica serve de quadro de referência para a interpretação (complexo de Édipo, interações entre as instâncias Isso, Eu, Supereu, a libido, as pulsões destruidoras e as defesas). A prova pretende estar ao alcance de sujeitos de qualquer nível sócio-cultural, podendo ser aceita em todos os contextos culturais (ver o nº especial do *Bulletin de Psychologie* que lhe é dedicado, nº 376, junho-agosto 1986).

4. A prova das Alegorias Animais

I. Apresentação da prova

Ela foi pensada como junção dos recursos simbólicos oferecidos pelo animal, com os modos de expressão dramática da narração.

Pede-se ao aluno que escolha um animal que melhor represente seus professores de matemática e de francês. Deve também escolher um animal para si próprio. Não se propõe nenhuma lista, e ele deve dar o motivo de sua escolha.

Com esses três animais, ele deve inventar uma história, sem lhe ser imposto nenhum desenvolvimento nem estrutura dramática.

> "Peço agora que você faça, construa, invente uma história com os três animais escolhidos: aquele que você escolheu para você, para o seu professor de matemática, para o seu professor de francês. A história é inteiramente livre, conte o que quiser."

A criança é convidada a se pôr em cena como animal. Por isso, a prova provoca uma visão fantasmática das relações entre ela e os professores na situação pedagógica, com projeção das angústias e dos desejos. De fato, a criança, ao se projetar num animal, revive simbolicamente conflitos familiares anteriores não resolvidos (o que acontece na prova do Bestiário de Zazzo); mas, por se pôr em cena com animais que representam professores, ela é levada a superar os conflitos e a investir-se de outra forma, em função desses novos papéis relacionais que lhe fazem reviver ou resolver os problemas da situação familiar. Por se tratar de animais, a expressão do que poderia parecer inadmissível a ser comunicado por personagens humanas torna-se possível.

A estrutura proposta, uma história com três personagens, provoca uma situação de rivalidades, de conflitos relacionais. Mas o conflito não é necessariamente de tipo edipiano. O jogo de desejo e de defesa aparece em relação a um Outro. A prova pode privilegiar os aspectos pulsionais e os funcionamentos narcísicos, as estratégias defensivas.

Como no TAT, recorre-se à linguagem verbal articulada e à estruturação da narração, mas aqui sem suporte gráfico. A mensagem oferecida é organizada no espaço e no tempo. A encenação narrativa exige um certo controle. F. Brelet (1986) observa, a respeito do TAT, que há conflito entre dois momentos, o da pressão pulsional e o da representação-objetivo, entre o apelo ao abandono e o controle do texto narrado. Com efeito, os dois modos complementares de funcionamento, segundo a metapsicologia freudiana, são os do processo primário, ligado à descarga da energia pulsional, e os do processo secundário, de trabalho da canalização dessa energia e de busca da identidade de pensamento. D. Anzieu (1961) diz que a situação projetiva provoca a regressão, mas que esta fica limitada no TAT e remete à segunda infância, já que a situação supõe a posse da sintaxe, ao passo que as provas do tipo Rorschach remetem à fase pré-verbal da infância.

Na prova das Alegorias Animais, não há tempos separados entre a reação ligada ao conteúdo manifesto, e o controle ligado ao conteúdo latente induzido no sujeito, que existem nos testes projetivos clássicos. Em outras palavras, não há atividade do Eu para controlar as próprias pulsões. A criação é diretamente sugerida pela ordem dada. Seja porque a criança encontra assim o meio de descarregar sua energia pulsional, seja porque ela a controla imediatamente e desvia suas pulsões, elaborando uma narração modelizada. Na última eventualidade, ela recusa-se a entrar no jogo, toma distâncias e se conforma em apresentar uma narração banal, sem grande significado.

O fato, para crianças de onze-doze anos, de construir uma narração com começo, trama dramática e fim, não parece prejudicar a expressão fantasmática, tanto mais porque as personagens são animais que permitem todas as fantasias, que concedem todas as liberdades. Os elementos são tirados da história pessoal da criança na escola, vivida no plano imaginário, e da sua história pessoal vivida no meio familiar. É uma elaboração simbólica em relação a um sistema de forças internas e externas, e em relação aos conflitos pessoais. A simbólica coincide com a dos contos, dos mitos, isto é, com a da encenação dos conflitos humanos. Um afeto, um desejo é investido num símbolo, um conflito expressa-se numa história.

II. Caráter da prova

A prova das Alegorias Animais tem por objetivo detectar os elementos que, no imaginário do aluno que vive a situação educativa, filtram e orientam, por sua ação simbólica, seja as percepções, seja as ações, isto é, seu modo de adaptação ao ambiente escolar. Os interditos habituais são suspensos porque, nesse jogo alegórico de expressão das pulsões e da fantasmática, tudo pode ser dito, segundo diversos níveis de linguagem. Assim, a prova favorece, por projeção nos animais, a liberação de imagens, emanações da angústia, e a expressão dos afetos. Ela faz surgir o que sem dúvida jamais será revelado e que, no entanto, rege de modo oculto o vivido da relação pedagógica pelo aluno.

A prova proposta permite a descarga das pulsões, para atualizá-las de modo projetivo em suportes animais com seu simbolismo próprio e no contexto dinâmico de uma história. A representação figurada ajuda no deslocamento do conteúdo imaginário. A substância dessa produção é certamente influenciada pelo papel daquele ao qual está destinada: a mesma prova aplicada em circunstâncias diferentes não daria os mesmos resultados. No caso presente, os alunos estavam diante de um jovem psicólogo, que lhes era próximo e bem diferente do papel de professor. No momento de aplicação da prova, deve ser criado um clima de jogo: a parte de fantasia lúdica permite formular desejos profundos, sob uma forma mais ou menos aceitável por alguém que não é o professor.

Provoca-se um comportamento simbólico, no sentido que, por um símbolo animal, o sujeito evoca personagens e situações que não estão imediatamente presentes.

A situação é propícia a fazer emergir os fantasmas dos alunos, isto é, um conteúdo psíquico inconsciente (desejos, temores, angústias, sentimentos de amor e de ódio) que provém do jogo das pulsões exercendo-se para um determinado professor. Somente por essa maneira indireta podem ser detectados e seu sentido ser percebido. Eles se constroem à medida que se constitui a história da classe, destroem-se, renovam-se e, apesar de seu caráter efêmero, regem as reações profundas dos alunos, porque são os harmônicos da relação que todo sujeito mantém com seu ambiente social.

capítulo VI

Modalidades de análise das produções de alunos relativas à prova das Alegorias Animais

Quando pedimos ao aluno que escolha uma série de animais representativos, não pretendemos de modo algum efetuar uma análise que consista em associar a cada animal uma simbólica previamente estabelecida, ou seja, utilizar um dicionário de símbolos. Uma "chave" dos devaneios ou dos sonhos com animais seria o oposto do que procuramos. A escolha de um animal é a visão que a criança tem de si e de seus professores, cada qual em sua disciplina.

As escolhas dos três animais não se apresentam de maneira homogênea. A segunda e a terceira escolhas não são equivalentes à primeira, se admitirmos que estejam em situação, em posições diferentes, as diferentes personagens. Às vezes, uma personagem chega a ser eliminada. Além disso, a escolha de um animal não pode recobrir a totalidade imaginária de cada professor e da criança. Pode ser considerada como um instantâneo, cujo caráter, por mais efêmero que seja, está enraizado numa organização fantasmática. Como não se trata, neste estudo, de situar cada criança em relação a outra, em cada população, não será necessário proceder à estatística dos animais escolhidos ou rejeitados por categoria de idade e de sexo. Em compensação, as questões que se referem ao motivo da escolha podem esclarecer a organização da narração. De fato, o motivo apontado pela criança não explica sua escolha, que permanece inconsciente. O motivo indicado deve ser tomado como uma racionalização que vem tornar plausível a escolha, pô-la numa forma aceitável pela criança e por seu interlocutor.

Vários níveis de análise são possíveis. O primeiro é de ordem relacional. Em virtude da relação conflitual induzida pela narração com três personagens, os modos de comunicação e de relação expressas entre eles estão no centro do estudo. No momento de elaborar a história, a criança transpõe o que sente no plano imaginário para a relação com os professores.

Assim, podemos levar em conta as modalidades de distância ou de proximidade das personagens entre si, a possibilidade de estarem juntas ou não, de manterem ou não uma relação, e sob quais formas. Como o aluno, figurado por um animal, se situa em relação ao animal que representa o professor? Como utiliza um animal-professor contra outro, para ajudá-lo ou para neutralizar o outro? A análise de conteúdo leva a determinar categorias típicas de situação de relação entre personagens. A teoria de referência é fenomenológica. Estuda-se no aluno a relação da consciência de si com a realidade, no registro imaginário, na experiência vivida com os professores. É uma visão de si mesmo e dos outros. Outros que têm uma posição específica em relação a ele, que são figuras sociais de referência, porque são professores.

O segundo nível liga-se aos esquemas dinâmicos que regem o mundo afetivo do aluno e sua fantasmática. A criança está às voltas com as forças que a oprimem, interiores e exteriores. A investigação refere-se ao encontro do seu Eu, em construção, em processo de crescimento, com os outros, personagens simbólicas, os professores, tendo relacionamento com pai e mãe. Trata-se então de perceber os conflitos internos, sua natureza, a angústia que os acompanha, de analisar os modos de reação, de proteção e de defesa do Eu.

As modalidades de análise diferem, se for considerada uma criança em particular, pela história que ela produziu, ou um conjunto de alunos de 6º ano (toda a classe ou uma amostra). Para uma criança, ficamos no caso da análise clínica no nível do universo afetivo da pessoa. Para um conjunto, tenta-se determinar as características de modos de relação dos alunos com os professores; ver, por exemplo, em que tipo de situação os sujeitos (meninos e meninas) costumam colocar os animais que representam os professores de matemática, de francês e a si próprios. O presente estudo pretende detectar linhas condutoras nas respostas de alunos de 6º ano.

1. Análise do conteúdo relacional das narrações

Visto que as narrações podem ser consideradas como transposições de situações relacionais e de um sistema de posições e de papéis dos diferentes parceiros da relação pedagógica — conjunto estrutural vivido por analogia no plano imaginário — é possível estabelecer um levantamento das categorias de situações-temas. Nas situações, destaca-se o sistema de relações entre as diversas personagens, seus papéis, seu comportamento e o desfecho de suas atividades.

Lista das categorias de situações utilizadas na grade de apuração

Categoria A_1: situação de associação com elaboração de um projeto entre o animal-professor referido e o outro animal-professor.

Categoria A_2: situação de associação com a elaboração de um projeto entre o animal-professor referido e o animal-aluno.

Categoria A_3: situação de associação com elaboração de um projeto entre os três animais-personagens juntos.

Categoria B: situação de perigo de tipo material.

Categoria C_1: situação de conflito-agressão, papel de agressor.

Categoria C_2: situação de conflito-agressão, papel de agredido.

Categoria C_3: situação de conflito-agressão, papel misto.

Categoria D: situação de conflito-competição.

Categoria E_1: situação de pedido explícito, papel de solicitado.

Categoria E_2: situação de pedido explícito, papel de solicitador.

Categoria F_1: situação de controle dos fatos e gestos, papel de controlado.

Categoria F_2: situação de controle dos fatos e gestos, papel de controlador.

Categoria G_{a1}: situação de solicitude: socorro, ajuda a um animal-personagem em perigo sujeito a uma ameaça de tipo material, papel de socorrido.

Categoria G_{a2}: situação de solicitude: socorro, ajuda a um animal-personagem em perigo sujeito a uma ameaça de tipo material, papel de prestador de socorro.

Categoria G_{b1}: situação de solicitude: proteção, defesa de um animal-personagem sujeito aos ataques de outro animal-personagem, papel de socorrido.

Categoria G_{b2}: situação de solicitude: proteção, defesa de um animal-personagem sujeito aos ataques de outro animal-personagem, papel de prestador de socorro.

Categoria G_{c1}: situação de solicitude: situação de criação, de educação, de ensino; papel de quem recebe criação, educação, ensino.

Categoria G_{c2}: situação de solicitude: situação de criação, de educação, de ensino; papel de quem cria, educa, ensina.

Categoria G_{d1}: situação de solicitude: situação de mediação; papel daquele a quem se aplica a mediação.

Categoria G_{d2}: situação de solicitude: situação de mediação; papel de mediador.

Categoria G_{e1}: outras situações de solicitude, de ajuda; papel de ajudado.

Categoria G_{e2}: outras situações de solicitude, de ajuda, papel de quem ajuda.

Categoria H_1: situação de reconhecimento, de gratidão; papel de quem recebe.

Categoria H_2: situação de reconhecimento, de gratidão; papel de quem dá.

Categoria I: situação de tomada de resolução.

Categoria J_1: situação de jogo.

Categoria J_2: situação de atividade pacífica, autônoma.

Categoria J_3: situação de coexistência pacífica afirmada.

2. Comentários sobre as categorias escolhidas

Situação de associação e de cooperação, com elaboração de um projeto (A)

→ *Exemplos*: os dois animais-professores se juntam a fim de dar aula para o animal-aluno; o animal-professor de francês e o animal-aluno colaboram e orientam suas atividades no sentido de realizar um projeto.

Situação de perigo (B)

Nesta categoria encontram-se todas as situações de perigo de tipo material. Por exemplo: ser apanhado numa armadilha, cair num buraco, num fosso, ficar perdido no bosque (o animal-professor de francês — uma hiena — caiu num fosso construído pelo homem). Figuram também as situações ameaçadoras: estar ameaçado pelo raio e pela tempestade, estar ameaçado de cair numa armadilha ao menor descuido, beirar um precipício (o animal-professor de francês — uma raposa — cai numa arapuca porque tropeçou).

Excluem-se desse tipo de situações todas as situações de agressão por um terceiro ou ameaças (de devoração, por exemplo...) proferidas por outra personagem. Elas referem-se à categoria seguinte (C).

Situação de conflito-agressão (C)

Encontra-se nesta categoria toda situação em que existe uma agressão seja verbal, seja física, de um animal-personagem contra outro. As situações de punição fazem parte dela. Convém diferenciar os papéis dos parceiros.

• *Papel de agressor* (C_1)

O animal considerado é o agente ativo de uma agressão:

— verbal (característica das situações em que o animal referido critica, repreende, deprecia, ridiculariza, ameaça um outro animal-personagem);

— física (o animal-personagem ataca fisicamente, persegue, prende, mata um outro).

→ *Exemplo*: O animal-professor de francês e o animal-professor de matemática atacam o animal-aluno empoleirado numa árvore e o devoram.

Com efeito, dois animais podem juntar-se para atacar um outro:

> "Um dia na savana, o pássaro (*representando o aluno*) encontrou-se com o chipanzé (*representando o professor de francês*). Ambos tinham como inimigo uma cachorrinha *poodle* (*representando a professora de matemática*). Um dia em que a cachorrinha estava passeando sozinha, o pássaro e o chipanzé pegaram ela. No dia seguinte, a cachorrinha não rosnava e não falava mais."

Explica-se contra quem é feita a agressão (apenas contra o animal-aluno, apenas contra o outro animal-professor considerado, contra dois animais, contra si mesmo, em caso de auto-agressão ou de suicídio). Indica-se se o animal considerado consegue realizar a agressão ou se fracassa, e por quê (por causa de quem ou de quê).

• *Papel de agredido* (C_2)

O animal-personagem considerado é vítima de agressão de um outro animal-personagem, cuja identidade é declarada: apenas animal-aluno, apenas outro animal-professor, animal-aluno e o outro animal-professor.

Procura-se saber, pelo desfecho de narração, como a situação se resolve ou não às custas do animal-personagem considerado: desfecho positivo se o animal consegue se safar da situação ou se alguém o tira dela (intervenção de outro animal), desfecho negativo se o animal fracassa.

• *Papel misto* (C_3)

O animal-personagem considerado está ao mesmo tempo no papel de agressor e no papel de agredido, o que é característico das situações em que se ignora quem dá origem ao conflito.

→ *Exemplo desse tipo de situação*: O animal-professor de matemática e o animal-professor de francês brigam. A aluna não esclarece quem deu início à briga. Nas situações de conflito-agressão, é necessário nomear os parceiros: animal-professor considerado e animal-aluno, animal-professor considerado e o outro animal-professor, animal-professor considerado, animal-aluno e o outro animal-professor.

Anota-se, por outro lado, se o animal considerado encontra-se afinal em posição de ganhador ou de perdedor, se ele consegue levar a melhor na briga ou se fracassa.

Convém lembrar que se pode verificar uma neutralização do conflito. É o que costuma acontecer quando um animal desempenha o papel de mediador entre os dois animais que brigam, e consegue ajeitar a situação sem prejudicar nem um nem o outro.

> "A cachorrinha *poodle* chegou com toda a calma (*animal-aluno*), viu os dois animais brigando e perguntou qual era o desentendimento; depois de estudar o caso, disse: 'Já que vocês não se entendem, vou ver a gata (*animal-professor de matemática*) nos três primeiros dias da semana para falar de matemática e nos dias que sobram vou com o pássaro (*animal-professor de francês*) falar de francês!', e assim tudo ficou arranjado para todo mundo."

Situação de conflito-competição (D)

Consideram-se nesta categoria todas as situações em que um conflito entre dois animais-personagens ou mais se traduz não por uma agressão caracterizada, mas por uma competição. Isso é verdadeiro para toda situação em que um concurso é organizado entre os animais-personagens para determinar qual é o mais forte. De certo modo é uma forma mais socializada de conflito em que a mediação é utilizada para resolvê-lo: a agressão direta e brutal é substituída pelo concurso, pela competição. O objeto dessa competição é quase sempre a aquisição de um poder, de uma supremacia sobre os outros. A competição pode dar-se entre apenas o animal-professor considerado e o animal-aluno, entre os dois animais-professores, e entre os três animais-personagens concomitantemente.

O tipo de solução da situação referida, fracasso ou êxito para o animal-personagem considerado, deve ser notado. Convém assinalar aí também uma particularidade nesse tipo de situação: pode acontecer que a competição tenha por desfecho a igualdade entre os animais-personagens implicados. Nesse caso, falaremos também de neutralização.

→ *Exemplo desse tipo de situação com neutralização final*:

"O concurso começou pela prova de beleza, o pavão (*animal-professor de francês*) foi o vencedor; a segunda prova era uma maratona, a coruja (*animal representando a aluna*) foi a vencedora; a terceira era uma corrida de sacos, e quem venceu foi a coruja; a última era uma travessia pela água, e o pavão ganhou. Eles ficaram empatados (2 x 2) e desde aí ambos se consideram iguais."

Situação de demanda explícita (E)

Pode tratar-se de:

— *pedido de ajuda*:

→ *Exemplo*:

"Três dias depois eu ouço berros (*o eu sendo o animal que representa o aluno*), chego perto e vejo o tigre (*animal-professor de matemática*) num fosso me pedindo: vá procurar o elefante (*animal que já tinha sido usado pelo animal-aluno para tirar da mesma situação o animal-professor de francês*). Não!"

— *pedido de informação*:

→ *Exemplo*:

"Um dia o leão (*animal-professor de francês*) encontra o gato (*animal-professor de matemática*). O leão lhe pergunta: 'Você viu o meu amigo cachorro? (*animal-aluna*). — Acabou de passar por aqui', responde o gato."

Convém lembrar que o pedido deve ser *explicitamente* formulado por um animal-personagem e com intenção bem clara. Daí a exclusão de todas as situações do seguinte tipo: "Um animal-personagem cai num fosso e começa a berrar. Outro animal-personagem que passa por ali ouve os berros, vai ver o que é e salva o animal-personagem do fosso." De fato, há uma ambigüidade: o berro terá sido dirigido intencionalmente ao animal que faz o papel de salvador?

Os papéis devem ser diferenciados:

• *papel de solicitado* (E_1): por quem? (apenas animal-aluno, apenas um outro animal-professor, dois animais). Indica-se se houve aceitação ou rejeição do pedido;

• *papel de solicitador* (E_2): em relação a quem? No caso de um pedido dirigido a duas personagens, pode acontecer que uma aceite e a outra recuse.

Situação de controle dos fatos e gestos (F)

Trata-se de situações em que um animal-personagem exerce uma conduta de vigilância e de controle de atividades.

→ *Exemplo*:

"A leoa (*animal-professor de matemática*) andava o tempo todo. Enfim ela viu um antílope (*animal-aluna*). A leoa o espreitava."

Diferenciam-se os papéis de *controlado* (F_1), de *controlador* (F_2), por quem, em relação a quem. Menciona-se o fracasso ou o sucesso do animal em sua tarefa de controlador, pois toda veleidade de controle pode encontrar uma oposição sistemática do outro animal-personagem. No caso do papel de controle, indica-se se há aceitação ou rejeição desse papel. Notemos que o sujeito controlado pode não ter conhecimento de seu estado: é a característica das situações de "espionagem".

Situação de solicitude (G)

Nesta categoria estão reagrupadas todas as situações em que um animal-personagem protege, cria, ajuda, encoraja outro animal-personagem ou o perdoa. A análise das histórias faz distinguir quatro subgrupos. Em cada subgrupo de situações são distinguidos os papéis ativos e passivos (prestador de socorro-socorrido), assim como os resultados (fracasso ou sucesso, por quais motivos).

— *As situações de socorro, de ajuda a um animal-personagem em perigo sujeito a uma ameaça de tipo material (G_a):*

→ *Exemplo*:

"O tigre (*animal-aluno*) ouviu o uivo da raposa (*animal-professor de francês*) e correu em seu socorro; depois de tê-la livrado da armadilha etc."

— *As situações de proteção, de defesa. Um animal-personagem protege outro animal-personagem sujeito aos ataques de outro animal-personagem (G_b):*

→ *Exemplo*:

"A leoa (*animal-professor de matemática*) espreitava o antílope (*animal-aluna*). De repente, correu no seu encalço. O pastor-alemão (*animal-professor de francês*) ouviu barulho, foi ver o que era e viu o antílope sangrando; saiu correndo atrás da leoa, conseguiu apanhá-la, começaram a lutar..."

— *As situações de criação, de educação, de ensino* (G_c):

→ *Exemplo*:

"O pardal (*animal-aluno*) encontrava o cuco (*animal-professor de francês*) muito calado que lhe dava aula de francês (*ensino*)."

→ *Exemplo*:

"Era uma vez uma leoa (*animal-professor de matemática*) e uma coelhinha (*animal-professor de francês*) que eram muito amigas. Um dia elas encontraram um ursinho (*animal-aluno*). Resolveram adotá-lo. No início, ele concordou. Mas, quando cresceu, deixou suas protetoras e nunca mais voltou (*criação*)."

Convém notar que em certos casos o fracasso ou o sucesso pode ser parcial. No segundo exemplo citado, os dois animais-professores adotam e criam o animal-aluno mas também acabam separados dele em certo momento (por iniciativa do animal-aluno), o que contraria seu projeto.

— *As situações de mediação, de ajuda proporcionada por terceiros num conflito para a solução desse conflito* (G_d):

→ *Exemplo*:

"Era uma vez uma girafa (*professora de matemática*) e uma gazela (*professora de francês*) que brigavam toda vez que se encontravam. Um dia a cegonha (*animal-aluna*) as viu e disse: 'Mas, por que vocês vivem brigando? — Não sei, respondeu a girafa. — Então, se vocês não sabem, não continuem com isso porque não tem cabimento, disse a cegonha. — É mesmo, não tinha pensado, disse a gazela. — Então, façam as pazes, disse a cegonha.' E, desde esse dia, elas ficaram amigas e não brigaram mais."

A solução do conflito entre os dois animais-personagens pode acontecer em detrimento de um deles. O exemplo seguinte serve de ilustração:

"Um dia em que a macaca (*animal-professor de francês*) estava fazendo um ditado para os macaquinhos, ouviu-se a égua (*animal-aluna*) e a gazela (*animal-professor de matemática*) que brigavam. A égua tinha dito uma coisa desagradável para a gazela. A macaca chegou e começou a rir, a macaca e seu noivo o macaco chegaram e tudo voltou ao lugar. A égua devia ficar fechada três dias num cercado."

Situação de reconhecimento, de gratidão (H)

São situações em que um animal-personagem agradece a um outro ou recebe agradecimento.

→ *Exemplo*:

"... a pata da corça (*animal-professor de francês*) sangrava, então o cachorro (*animal-aluna*) decidiu levá-la ao médico. O papagaio (*animal-professor de matemática*) era o médico e fez todo o possível para salvar a coitada da corça. Alguns dias depois, a corça melhorou bastante e agradeceu ao cachorro e ao papagaio por lhe terem salvado a vida." (Combinação das situações de solicitude e de agradecimento.)

Situação de tomada de resolução (I)

O animal-personagem considerado é levado a tomar uma resolução em conseqüência de um fracasso seu na realização de uma tarefa, ou por pressão exterior que provém seja de um outro animal-personagem, seja de uma série de circunstâncias.

→ *Exemplo*:

"O animal-personagem professor de matemática recusa num primeiro momento ajudar o animal-aluno a retirar de um fosso o animal-personagem professor de francês. Pouco tempo depois, o animal-professor de matemática também cai no fosso e pede socorro ao animal-aluno. Mas este recusa ajudá-lo por causa de sua atitude anterior. Deixa o animal-professor de matemática nessa má situação durante um bom tempo e, afinal, decide tirá-lo do fosso. O animal-professor de matemática, depois desse dissabor, jura então que ajudará todos os animais que caírem no fosso."

Situações de jogo, de atividade pacífica, autônoma, de coexistência pacífica afirmada (J)

Por *situações de jogo* (J_1), entendemos todas as atividades lúdicas que põem em cena seja um único animal-personagem, seja vários animais-personagens (jogo de cartas etc.).

Por situações de atividade pacífica, autônoma (J_2), entendemos situações do gênero: tal animal-personagem "passeia", "canta", "lê" etc. Esse tipo de situação só põe em cena um único animal-personagem.

As situações em que dois animais-personagens ou mais são postos juntos, fora de toda cooperação ou associação, voltados para um objetivo, são reagrupados na categoria das situações de *coexistência pacífica afirmada* (J_3). Como exemplo desse tipo de situação, podemos mencionar os casos em que "dois animais-personagens tornam-se amigos", são declarados como morando num mesmo lugar e em clima de amizade recíproca etc.

> "Era uma vez um pássaro (*animal-aluna*), um cavalo (*animal-professor de francês*) e um gato (*animal-professora de matemática*) que eram muito amigos. Certa manhã, ao acordar, fui chamar meus amigos, o cavalo e o gato. Queríamos fazer uma viagem por toda a França. Como eu era um passarinho, eu ia mais depressa. Mas o gato, que tinha perninhas menores que as do cavalo, ia mais devagar.
> Tivemos que pôr o gato na garupa do cavalo. E a viagem em torno do mundo terminou com muito cansaço."

As diversas situações, criadas pelos alunos, em que animais representam os professores permitem analisar suas estratégias coexistenciais. Por modalidades concretas de ação de uma personagem sobre outra, são visíveis os papéis que lhe são atribuídos, as posições de dependência ou de inferioridade, os fracassos ou sucesso, as responsabilidades imputadas. O modo que o aluno tem de utilizar um professor contra outro, ou seja, de receber ajuda para neutralizar o outro, o papel que ele toma nessa intervenção, observador ou ator, informa sobre o modo de coexistência imaginária que ele adota com os professores.

A interpretação clínica de um caso

A análise individual pode ser considerada a partir da prova das Alegorias Animais, associada à entrevista clínica. Ela é interessante para conhecer a origem de certos comportamentos na escola, sobretudo do que às vezes é chamado "inibição escolar" ou intelectual: conflitos familiares, reprodução na escola de um esquema de posições e de relações dos membros da família, transferência para o professor da oposição ao pai ou à mãe, atualização de uma angústia etc. A prova também pode servir para analisar o tipo de reação específica da criança em situação escolar, seu modo de reagir diante das reprimendas, das humilhações: sentimento de inferioridade e de desânimo ou, ao contrário, emergência de idéias de vingança, de rejeição, de rebelião em relação ao professor. A partir daí, uma intervenção é possível no sentido de liquidar as formações reacionais da criança e de levá-la a comportamentos positivos.

Na análise individual, procura-se a organização, a estrutura das relações, a ligação com outros fantasmas nascidos no curso do desenvolvimento, a ligação com os conflitos do passado, os traços mnésicos de experiências infantis e as energias pulsionais que lhes estão ligadas.

capítulo VII

Análise dos tipos de situações encontradas

A prova das Alegorias Animais foi aplicada aos alunos de dez classes de 6º ano, em cinco colégios* de Rennes e das redondezas, ou seja, 234 alunos (122 meninas, 112 meninos). As classes foram escolhidas de modo a terem professores masculinos e femininos nas duas matérias determinadas. Diante da desproporção no corpo docente entre homens e mulheres, em favor destas sobretudo nos colégios, não foi possível equilibrar totalmente a amostra de professores: quatro homens e seis mulheres para os professores de matemática, três homens e sete mulheres para os professores de francês. Há apenas três pares homem-mulher de professores nas dez classes consideradas.

Convém lembrar que procuramos detectar a influência da matéria ensinada bem como a da pessoa do professor na relação pedagógica no plano do imaginário.

Na apuração dos protocolos, foram levados em conta os aspectos diferenciais introduzidos pelo sexo dos parceiros (aluno, professor de francês, professor de matemática) no relacionamento. De fato um aluno-menino, por exemplo, pode situar-se de modo diferente em relação a seus professores de francês e de matemática, conforme sejam eles homem ou mulher.

A aplicação da prova foi coletiva, sem a presença dos professores. Em geral provocou um efeito de surpresa, e até de choque, depois de diversão, nas várias classes. Os alunos receberam a

* Ver Nota da Tradução à p. 7.

promessa de que nenhuma folha de resposta, nenhum resultado pessoal deles seria comunicado aos professores. Promessa mantida integralmente.

Os encontros que tivemos com os professores para informá-los sobre nosso trabalho antes da aplicação das provas a seus alunos foram significativos. Apareceu a gama completa de reações, do constrangimento à recusa mal disfarçada.

Essas reações de inquietude são muito compreensíveis, já que é o universo fantasmático entrando na dinâmica relacional entre o docente e seus alunos que surge de repente, com cumplicidades e resistências. O professor logo se pergunta: Que tipo de animal eles vão escolher para mim? Sob que aspecto vou aparecer? E que efeitos terá sobre eles esse tipo de perguntas? Nesse momento, o professor começa a se fazer mais perguntas do que é costume: está habituado a refletir sobre sua ação pedagógica, mas quase nunca sobre a percepção que os alunos têm dele.

Todo um conjunto de esquemas afetivo-comportamentais pode ser destacado pelo retorno das produções dos alunos em direção aos professores. Está aí uma pista de trabalho interessante, mas de execução bastante delicada, em razão das inevitáveis perturbações que surgiriam no equilíbrio relacional dentro da sala de aula, e talvez no equilíbrio pessoal do docente. Quando os professores pediram os resultados, foram os da amostra global, e não os de sua classe, que lhes foram comunicados.

Duas análises foram feitas:

1) análise das situações nas quais são colocados os professores de matemática e de francês nas histórias; permite discernir as características que lhes são atribuídas;
2) análise das situações nas quais o aluno colocou a si mesmo diante de seus dois professores, de matemática e de francês.

1. Características atribuídas pelos alunos aos professores

1) *A característica agressor-agredido* é amplamente dominante no conjunto das narrações e permanece constante, qualquer que seja a matéria ensinada e o sexo do professor, sendo os aspectos conflituosos mais afirmados pelos meninos que pelas meninas.

O estudo das porcentagens de aparecimento das categorias C_1 (papel de agressor) — C_2 (papel de agredido) quanto ao conjunto das categorias encontradas nas narrações mostra diferenças em relação a alunas e alunos.

Os alunos atribuem mais o papel de agressor (C_1) ao professor, seja o de matemática ou o de francês, seja homem ou mulher, do que as alunas.

Papel de agressor (C_1)

		Alunos	Alunas
Professor de	H	34,5%	16,7%
Matemática	M	29,4%	15,6%
Professor de	H	30,4%	23,9%
Francês	M	32,3%	24,2%

A parte que eles atribuem ao papel de agredido (C_2) não varia, seja qual for o sexo do professor.

Papel de agredido (C_2)
atribuído pelos alunos ao professor

Matéria ensinada	Professor	Professora
Francês	26%	26,7%
Matemática	23%	22,6%

Em compensação, as meninas trazem respostas com mais nuanças. Na aula de francês, consideram em situação de agressor mais a professora do que o professor (27,5% contra 15,4%). O professor é mais percebido como agredido (23,9%). É praticamente o contrário do que acontece com a aula de matemática, em que o professor aparece como agressor ligeiramente mais do que a professora (28,6% e 25,4%, respectivamente).

2) Como a natureza da prova pode favorecer a emergência de situações conflituosas, é necessário *analisar* com cuidado *os casos contrários, não conflituosos*, situações de jogo (J_1), de atividade pacífica, autônoma (J_2), de coexistência pacífica afirmada (J_3), que ajudam a melhor perceber o sentido das diferenças de porcentagens.

		Alunos	Alunas
Professor de Matemática	H	0 + 4,1 + 7,6 (11,7%) (J_1) (J_2) (J_3)	2,2 + 3,4 + 15,3 (20,9%) (J_1) (J_2) (J_3)
	M	1,9 + 17,1 + 4,4 (23,4%)	0 + 7,4 + 16,5 (23,9%)
Professor de Francês	H	4,3 + 13,2 + 4,8 (22,3%)	3,3 + 7,6 + 11,8 (22,7%)
	M	0 + 2,5 + 7,2 (9,7%)	0 + 3,3 + 8,6 (11,9%)

As situações de descontração são raras com as professoras de francês, tanto na opinião de alunas quanto de alunos e, no caso, nenhuma atividade lúdica é mencionada. Também os alunos quase nunca colocam seu professor de matemática nesse tipo de situação.

A professora de francês é vista como estando mais na defensiva, menos descontraída no relacionamento com os alunos. Quanto ao caso do professor de matemática em relação aos meninos, seria resultante não tanto da vulnerabilidade da pessoa, mas sobretudo da rivalidade entre pessoas de mesmo sexo.

3) *Em que papéis positivos o aluno coloca seus professores por meio dos animais*?

As categorias repertoriadas permitem analisar as nuanças no relacionamento que o aluno estabelece com um de seus professores, o que vai da simples associação a relações mais diversificadas, em que os papéis entre alunos e professores podem ser invertidos.

a) *Da associação ao exercício de socorro*

Situação de associação
com a elaboração de um projeto entre o animal-professor
e o animal-aluno (A_2)

		Alunos	Alunas
Professor de	H	0	1,1%
Matemática	M	0	6,4%
Professor de	H	1,5%	1,8%
Francês	M	0	0

Nítida diferença é feita pelas alunas em favor de sua associação com a professora de matemática, mas o significado só aparece por comparação com outros tipos de situação.

Situações G_a + G_b de solicitude:
socorro, ajuda a um animal em perigo sujeito
a uma ameaça de tipo material (G_a) e aos
ataques de outro animal-personagem (G_b)

		Papel de socorrido		Papel de prestador de socorro	
		Alunos	Alunas	Alunos	Alunas
Professor de	H	9,7%	2,2%	5%	2,2%
Matemática	M	9,6%	1,6%	1,9%	5,5%
Professor de	H	7,4%	3,6%	3,5%	6,9%
Francês	M	2,5%	5,2%	7,2%	0

As alunas vêem a professora de matemática num papel de quem presta socorro, ao passo que os alunos atribuem esse papel a seu professor de matemática. O cruzamento inverso é constatado para os professores de francês: é ao professor do outro sexo que os alunos atribuem o papel de prestador de socorro e ao do mesmo sexo o papel passivo de socorrido.

b) *Do pedido ao exercício de controle*

Situação de pedido explícito:
— papel de solicitado (E_1)
— papel de solicitador (E_2)

		Papel de solicitado (E_1)		Papel de solicitador (E_2)	
		Alunos	Alunas	Alunos	Alunas
Professor de	H	1,9%	10,4%	3,1%	3,4%
Matemática	M	0	0	0	4,2%
Professor de	H	1,1%	5,7%	0,9%	6%
Francês	M	2,3%	1,7%	4,8%	12%

Situação de controle dos fatos e gestos:
— papel de controlado (F_1)
— papel de controlador (F_2)

		Papel de controlado (F_1)		Papel de controlador (F_2)	
		Alunos	Alunas	Alunos	Alunas
Professor de	H	0	2,9%	3,9%	6,6%
Matemática	M	5%	4,5%	0	4,2%
Professor de	H	1,5%	4,5%	0	3,7%
Francês	M	2,3%	3,3%	2,3%	6,6%

As alunas se distinguem nitidamente dos alunos pelos papéis que atribuem:

— ao professor de matemática, sobretudo o papel de solicitado, e depois o papel de controlador;
— à professora de francês, o papel de solicitador, em forte proporção e, acessoriamente, o de controlador.

4) *Uma síntese, feita a partir dos quadros aqui apresentados, põe em destaque as características dos professores*:

a) *Atribuídas pelos alunos*. Enquanto o professor de francês é pouco implicado em situações diversas das de atividade pacífica ou de agressão — que são bem contrastantes —, a professora de francês é vista pelos alunos em situações variadas. Vista como instável, ela assume papéis ambivalentes, mas sempre ativos no domínio afetivo (agressor, prestador de socorro; o papel de socorrido é mais atribuído ao homem). Parece que suas reações são imprevisíveis porque seu potencial emocional pode expressar-se sob formas opostas.

Os alunos conferem, aparentemente, mais papéis passivos ao professor de matemática (papel de agredido, sobretudo ao professor homem, papel de socorrido). A interpretação não é fácil: será por identificação com o agressor, de retorno sobre ele daquilo que se teme? A atribuição do papel de controlado à mulher, à qual não se concede o direito de controlar — que é concedido ao homem — a ausência total de papéis de solicitado e de solicitador para a mulher, mostram que ela é afastada pelo aluno de qualquer papel que o coloque em situação de maior dependência para com ela, talvez por causa do poder específico conferido à mulher pela disciplina matemática.

b) *Atribuídas pelas alunas*. Elas atribuem papéis específicos aos professores do seu sexo. Na professora de matemática, que elas consideram agressora, um pouco menos porém do que o professor, reconhecem a possibilidade de uma associação, de uma ação de prestação de socorro. Mesmo se ela não é solicitado nem solicitador em certas situações, é aceita pelas alunas que veriam nela a possibilidade de uma conivência, até de cumplicidade, entre pessoas do mesmo sexo.

Ao contrário, as professoras de francês ficam, aos olhos das alunas, na defensiva (nenhuma possibilidade de atividade pacífica com elas, nem de prestador de socorro), vulneráveis (são quase sempre solicitador), ambíguas em seu comportamento (são também controlador).

Para as alunas, a professora de matemática dá mais segurança: haverá uma espécie de processo de neutralização, implícito entre mulheres, da fantasmática da matemática, mesmo se o conflito continua presente? O professor de matemática não aparece como podendo estar em associação com a aluna para a elaboração de um projeto, porque ele é o representante simbólico da matemática que associa o sexo masculino à matemática, cuja fantasmática está ligada à noção de poder fálico. Para a professora de matemática, como não há concordância entre seu sexo e o símbolo que ela encarna, a distância em relação à aluna fica reduzida.

Em resumo, o fato de ser do mesmo sexo leva as alunas a colocarem sua professora em situações conflituosas, mas as tensões são de outra natureza na aula de francês: ao passo que a rivalidade feminina atua pouco na aula de matemática — a ponto de professora e alunas se encontrarem numa espécie de círculo feminino —, ela se manifesta sob diversas formas com as professoras na aula de francês. Talvez porque a matéria literária suponha mais engajamento pessoal (a matemática sendo, desse ponto de vista, um muro sólido, uma proteção de si), a professora oferece um tipo de ser, de personalidade, diante da qual é preciso situar-se, com a qual às vezes não há desejo de identificação.

Se as alunas colocam os professores de francês mais em posição de agredido do que de agressor, de quem presta socorro, elas não lhes concedem, porém, o papel que atribuem a seu professor de matemática: um homem-recurso, ao qual se pode pedir ajuda. O sexo masculino reforça o caráter fálico da matemática.

2. Análise das situações em que o aluno está diante de seus dois professores, o de matemática e o de francês

As comparações dos comportamentos atribuídos ao animal que representa o aluno são feitas *em função da natureza do par de professores*, e a análise refere-se ao tipo de situação apresentada na narração. Os pormenores dos resultados figuram nos quadros A e B.

I. A aluna

A leitura do quadro de porcentagens dos tipos de situação mostra certas tendências gerais. A situação de conflito com agressão predomina com o seu contrário, a situação pacífica em sentido amplo. Os dois extremos têm respectivamente mais ou menos peso, de acordo com a natureza do par de professores.

A aluna coloca-se mais numa situação de agressor quando o par de professores é um homem e uma mulher. A presença de uma mulher provoca a expressão de agressividade. Ela se sente mais agredida quando o homem é professor de matemática e a mulher professora de francês, e mais pelo homem do que pela mulher; esta não constitui um recurso, uma proteção possível (a aluna chega a vir em seu socorro, sem esperar, em contrapartida, ser socorrida). O homem parece menos ameaçador quando é professor de francês e até proporciona ajuda por seu papel ativo de proteção: as porcentagens de situações em que a aluna é socorrida pelo professor de francês, as de situações de cooperação com ele, são bem superiores às que correspondem aos outros pares de professores.

O par de professores homem e mulher lembra o casal parental em sua função de controle (a aluna se sente controlada), de *direção* e de *imposição*, com um papel de *proteção* atribuído ao homem, sobretudo quando é professor de francês, porque o professor de matemática parece mais ameaçador e nunca é visto como aquele que pode socorrer.

As porcentagens de situações pacíficas ou lúdicas (J, K, L) são elevadas (36,4%) no caso de dois professores homens, com uma associação mais nítida com o professor de matemática.

As diferenças internas que aparecem no caso de um par homem-mulher devem ser interpretadas levando em conta diferenças observadas a respeito da *maior agressividade sentida pela aluna quando se trata de uma professora de francês e de um professor de matemática.* Nesse caso, as situações de atividade pacífica e autônoma predominam, como se a aluna preferisse criar para si, de modo autônomo, atividades desse tipo, para compensar as inúmeras situações conflituosas e a impossibilidade de proteção por parte da professora de francês.

Quando o par é *professor de francês e professora de matemática*, as *situações de coexistência pacífica* afirmada predominam, acompanhadas de situações de associação voltadas para a mulher, com diminuição do sentimento de ser agredida, o que parece *sinal de certa conivência entre as mulheres*; com isso, o caráter perigoso da matemática encarnada pelo homem diminui.

A característica marcante do confronto da aluna com dois homens é o sentimento de sedução que ela experimenta da parte deles, provindo mais do professor de francês que do professor de matemática, como está provado pela forte porcentagem que lhe é atribuída no papel de solicitador a respeito da aluna.

Diante de duas mulheres, a aluna se coloca em situações menos conflituosas e aceita papéis passivos (controlado, solicitado), *ou atividades pacíficas* que se exercem longe dos professores, ou ainda atividades de jogo com os dois professores. As situações de solicitude dominam, situações em que a aluna fica num papel de criança que recebe educação, situações em que ela toma a iniciativa, para trazer ajuda, sobretudo à professora de francês. Mas a atitude que ela manifesta para com a professora de francês é ambivalente, indo da atração à rivalidade. Índices parecem mostrar que a professora de matemática constitui, ao contrário, para a aluna um ponto de referência mais estável.

II. O aluno

Diante de dois professores, o aluno produz, em suas narrações, *inúmeras situações de conflito* (61,8% em relação ao conjunto das situações repertoriadas) e se coloca sobretudo, no plano imaginário, numa situação de *agressor*. Da mesma maneira, *quando o par de professores é composto de um professor de francês e de uma professora de matemática, encontra-se essa predominância de posição*. Mas, enquanto a agressão é dirigida ao professor de francês no primeiro caso, ela é dirigida à professora de matemática, no segundo. Pode-se formular a hipótese segundo a qual a tendência à agressão volta-se para o professor que parece mais frágil. Este será o professor de francês num par de professores homens, a professora de francês no par professora de francês-professor de matemática, e a professora de matemática no par professor de francês-professora de matemática. *Isso seria o reflexo do caráter imaginário atribuído às matérias francês e matemática*: caráter fálico da matemática e reservas em ver esta disciplina encarnada por uma mulher, caráter instável e delicado do francês. A ausência de um professor de matemática homem faz baixar o sentimento de ameaça e aumentar a tendência à agressão. Pode-se constatar pelas porcentagens de situação em que o aluno se percebe agredido e agressor, no caso do par professor de francês-professora de matemática. Além disso, o fato de que o homem, quando encarna a matemática, reveste um caráter ameaçador leva o aluno a transferir sua agressividade para o professor de francês, principalmente quando é mulher, porque ela é percebida como frágil, com reações imprevisíveis e geradora de um sentimento de insegurança.

Com um par de professores homens, o aluno se sente mais cooptado, mobilizado, do que com o par professor-professora, no qual ele se situa como solicitador, e até como controlador, quando a mulher é professora de matemática. Ele se coloca, em relação a essa professora, num papel de prestador de socorro, o que pode parecer paradoxal quando se constata que ela é a mais agredida. Mas, para que a professora de matemática perca seu poder, aos olhos do aluno, este se serve de dois meios: agressão ou sedução. As situações de socorro nas quais o aluno se coloca são uma forma disfarçada de sedução: ele vai socorrer alguém que, por esse fato, parece frágil, com o desejo secreto de receber uma contrapartida. Entretanto, o papel de socorro que o aluno garante no plano imaginário não se dirige automaticamente àquele que parece o mais vulnerável: é para o professor de matemática que esse papel é endereçado no caso do par professora de francês-professor de matemática, talvez para aproveitar e tomar-lhe o poder, ou para responder a um desejo de solidariedade masculina diante da imprevisibilidade das reações da professora de francês.

Diante de dois homens, o aluno imagina principalmente situações de mediação (G_d) e não situações de proteção e de defesa para com eles (G_b). Tem tendência a manter-se em segundo plano e a tomar distâncias em relação a eles, como o demonstram a ausência de situações de jogo, a predominância de situações pacíficas autônomas sobre situações de coexistência pacífica. *Diante do par de professores homem-mulher, as situações de coexistência pacífica são mais numerosas*, voltadas sobretudo para os homens, quer ensinem eles francês ou matemática, e é deixado um espaço para o jogo, com o professor de francês. A solidariedade masculina será tão mais forte quanto mais se sentir ameaçada pelo poder fálico representado pela professora de matemática.

No caso de duas professoras, as situações extremas ficam enfraquecidas: menos situações de conflito do que nos outros casos, menos situações pacíficas. Na aparência, tudo parece mais neutro. *Mas a ambigüidade aparece nos papéis.* Ora o aluno se atribui um papel ativo (solicitador, controlador, por exemplo), ora ele se refugia na passividade, se compraz no papel de quem recebe educação, criação (G_{cl}: 16,1%). Pode-se perguntar se ele sabe onde se situar com referência a esse par feminino, diante do qual o desejo de segurança é entretido (ver as situações de associação) e as pulsões ficam suspensas. O controle que ele costuma tomar sobre esse par não dispensa a representação de um risco a assumir: exercer ativamente uma sedução proibida. Ao dirigir seu esforço sobre resoluções que o comprometem para o futuro, ele se oferece proteções em relação àquilo que ele se proíbe.

3. Sexo dos professores e relação pedagógica

Ao analisar como o aluno situa a si próprio em relação a seus dois professores, o de matemática e o de francês, percebe-se a importância da diferença de sexo e de sua associação (efeito de casal). Não se trata de afirmar que tal sexo encarna esta ou aquela disciplina no plano imaginário. Constata-se apenas a existência de polaridades contrastadas. Elas implicam deslocamentos de energia pulsional. Isso fica muito claro no caso de alunos.

Quando o *menino* se encontra diante de um casal de professores, a relação apresenta um jogo mais flexível (menos agressão, mais solicitação) com nuanças de acordo com o sexo do professor de matemática: o casal professora de francês-professor de matemática pode parecer ameaçador para o aluno, mas o fato de o homem ser professor de matemática impede a tentação de agressão. Ao contrário, a tendência à agressão reaparece seja com referência à professora de matemática, a fim de tentar apossar-se de seu poder, seja com referência ao professor de francês, se ele parecer frágil. Se os dois professores forem homens, o aluno sente-se mais mobilizado, cooptado, dominado, sobretudo pelo professor de matemática, e procura guardar distâncias por meio de uma atitude de recuo. Se forem duas professoras, a ameaça vem sobretudo da professora de francês. Além disso, nota-se a dificuldade de os alunos situarem-se em relação a esse par: o aluno, em particular, mobiliza todo um conjunto de proteções.

Nas *alunas*, manifesta-se aparentemente agressividade com referência ao par de professores: elas se sentem em associação com a professora de matemática, mas com impulsos agressivos para com ela; sentem-se agredidas no caso de uma professora de francês e de um professor de matemática, devolvendo a agressividade em direção à professora de francês, ao passo que o professor de matemática lhes parece mais perigoso. Na aparência, a situação de dois homens assumirem a matemática e o francês provoca menos a tendência agressiva por parte da aluna, como por parte dos professores (na percepção dela). Constata-se entretanto que ela procura limites para a ação de sedução do homem, sobretudo idealizando a relação.

Ao inverso, em relação a duas professoras, são as situações de identificação que predominam. A função reguladora do casal se revela. O perigo de associação ou de conflito com um dos professores é contrabalançado pelo relacionamento com o outro: aparece, por exemplo, na aluna um papel de prestador de socorro, se for necessário.

Em dado momento, no caso na classe de 6º ano, a criança atribui, no plano imaginário, características aos professores que encarnam disciplinas, características que vão afetar o jogo de trocas, provocar atitudes de receptividade ou de rejeição, regular a dinâmica das relações de tal aluno em relação a seus diferentes professores.

O perigo seria, se caricaturarmos alguns aspectos desta análise, o de fazer crer que a predominância de professores do sexo masculino ou feminino prejudica a tarefa pedagógica ou educativa. É conhecida a intensa feminização do corpo docente em todos os países mais desenvolvidos. Seria possível pensar que essa feminização deixasse pouca margem de liberdade à criança quanto às possibilidades de identificação. Os resultados da análise, porém, levam a perceber que a heterogeneidade dos papéis, dos fantasmas, dos comportamentos, está associada aos contrastes de sexos e de disciplinas.

Mesmo assim, é verdade que se não for oferecida aos alunos uma ampla margem de identificação, se as margens de identificação mudam, se transformam, os alunos podem encontrar dificuldades que prejudicam a aprendizagem escolar. Quando não se oferecem polaridades diversas à criança a fim de ajudar o jogo de deslocamento das forças pulsionais, podem surgir efeitos de agressividade ou de angústia.

A regulação e a solução de tensões provêm do jogo de deslocamento sobre tal professor, com referência ao investimento pessoal posto em tal disciplina, e da busca de pontos de referência encarnados pelos professores, caracterizados do ponto de vista do sexo e da personalidade.

Processos de receptividade ou de rejeição do outro afetam o relacionamento entre professores e alunos, processos decorrentes do jogo de representações do parceiro, às vezes contraditórios no professor, e decorrentes das forças pulsionais que agem no plano do imaginário. Professor e aluno buscam, cada um por seu lado, aquele que corresponda ou a uma imagem ideal do parceiro (para o professor, o aluno ideal, em relação à sua representação da matéria), ou à personagem que ajude a restabelecer o equilíbrio de forças (para o aluno, por exemplo, aquela que proporciona o ponto de referência em função do qual seu Eu se situe).

ALUNAS QUADRO A1

TIPO DE SITUAÇÃO*	NATUREZA DO PAR DE PROFESSORES				
	Professor de Francês / Matemática	Homem / Homem	Mulher / Mulher	Mulher / Homem	Homem / Mulher
A. Situação de associação com elaboração de um projeto de cooperação					
	A1 — 1		—		1,3
	A2 — 2		2,5		
	A2 — 1		—		7,2
	A2 — 2	3,3	—		
	A3		—		
	TOTAL	3,3	2,5	0	8,5
B. Situação de perigo de tipo material		0	0	0	0
C. Situação de conflito-agressão					
C1 papel de agressor	1	3,3	2,5	5,3	5,8
	2	3,3	2,5	3,9	6,8
	3	—	2,5	2,7	1,3
	4	—	—	—	—
	TOTAL	6,6	7,5	11,9	13,9
C2 papel de agredido	1	13,3	2,6	12	5,6
	2	6,6	—	17,2	9,4
	3	—	2,5	5,3	1,3
	4	—	—	2,7	1,4
	TOTAL	19,9	5,1	37,2	17,7
C3 papel misto		0	2,5 (C3 - 1)	0	0
D. Situação de conflito-competição		0	2,5 (D1)	0	0
E. Situação de pedido explícito					
E1 papel de solicitado	1	13,3	5,1	2,7	—
	2	6,6	5,1	—	—
	3	—	—	—	—
	4	—	—	—	—
	TOTAL	19,9	10,2	2,7	0
E2 papel de solicitador	1	3,3	—	1,3	1,4
	2	—	2,5	2,7	—
	3	—	5,1	—	—
	4	—	—	—	—
	TOTAL	3,3	7,6	4	1,4
F. Situação de controle dos fatos e gestos					
F1. papel de controlado					
	1	—	2,5	2,6	2,9
	2	—	5,1	5,2	2,7
	3	—	—	2,6	1,4
	4	—	—	—	—
	TOTAL	0	7,6	10,4	7

ALUNAS

QUADRO A2

TIPO DE SITUAÇÃO*	NATUREZA DO PAR DE PROFESSORES			
Professor de Francês / Matemática	Homem / Homem	Mulher / Mulher	Mulher / Homem	Homem / Mulher
F2. papel de controlador 1	—	—	—	1,4
2	3,3	—	2,6	—
3	—	—	—	1,3
4	—	—	—	—
TOTAL	3,3	0	2,6	2,7
G. Situação de solicitude papel de socorrido		Gb1-1 2,6 — Gc1-1 2,5 Gc1-2 2,6 Gd1-1 2,5	Gc1-2 1,3 Gc1-4 1,3	Ga1-1 1,3 Gb1-1 4,4 Gb1-2 1,3 Gc1-1 1,4 Gc1-3 1,3 Ge1-1 1,4 Ge1-2 1,3 Ge1-3 1,4 Ge1-4 1,4
TOTAL	0	10,2	2,6	15,2
papel de prestador de socorro	Gb2-1 3,3	Ga2-1 10,2 Gd2-3 2,6	Gb2-1 1,3 Gb2-4 1,3 Gc2-4 1,3 Gd2-3 1,3	Gb2-1 2,8 Ge2-4 1,4
TOTAL	3,3	12,8	5,2	4,2
H. Situação de reconhecimento	0	2,5	0	0
I. Situação de tomada de resolução	0	2,5	0	0
J. Situação de jogo 1	3,3	—	—	2,7
2	3,3	2,5	1,3	—
3	—	7,6	—	—
4	—	—	—	—
TOTAL	6,6	10,2	1,3	2,7
K. Situação de atividade pacífica autônoma	6,6	10,2	11,9	2,7
L. Situação de coexistência pacífica afirmada 1	6,6	—	—	1,4
2	13,3	—	4	7,2
3	3,3	2,5	5,3	4,2
4	—	2,6	—	1,4
TOTAL	23,2	5,1	9,3	14,2

* Os números indicados são as porcentagens de aparição desse tipo de situação (para a apresentação pormenorizada dos tipos de situação, conferir o capítulo VI).

ALUNOS QUADRO B1

TIPO DE SITUAÇÃO*	NATUREZA DO PAR DE PROFESSORES				
	Professor de Francês Matemática	Homem Homem	Mulher Mulher	Mulher Homem	Homem Mulher
A. Situação de associação com elaboração de um projeto de cooperação					
A1-1		—	3,2	—	2
Outros		—	3,2 (A3)	—	—
	TOTAL	0	6,4	0	2
B. Situação de perigo de tipo material		—	3,2	—	—
C. Situação de conflito-agressão					
C1 papel de agressor	1	17,2	0	13,8	8,5
	2	6,8	6,4	7,4	16,5
	3	10,3	3,2	3,7	6,5
	4	0	0	0	0
	5	—	0	1,8	6,8
	TOTAL	34,3	9,6	26,7	38,3
C2 papel de agredido	1	10,3	3,2	12	6,2
	2	17,2	0	8,1	4
	3	0	3,2	0	2
	4	0	3,2	5,5	—
	TOTAL	27,5	9,6	25,6	12,2
C3 papel misto		—	—	—	—
D. Situação de conflito-competição		—	3,2 (D3)	—	
E. Situação de pedido explícito					
E1 papel de solicitado	1	3,4	3,2	1,8	—
	2	3,4	6,4	0	—
	3	0	—	0	—
	4	0	—	0	0
	TOTAL	6,8	9,6	1,8	0
E2 papel de solicitador	1	0	—	2	2,2
	2	—	3,2	—	—
	3	—	—	—	—
	4	—	3,2	2	—
	TOTAL	0	6,4	4	2,2
F. Situação de controle dos fatos e gestos					
F1. papel de controlado					
	1	—	—	—	—
	2	—	3,2	2	—
	3	—	—	2	0
	4	—	—	—	—
	TOTAL	0	3,2	4	0

ALUNOS

QUADRO B2

TIPO DE SITUAÇÃO*	Professor de Francês / Matemática	NATUREZA DO PAR DE PROFESSORES: Homem / Homem	Mulher / Mulher	Mulher / Homem	Homem / Mulher
F2. papel de controlador	1	—	—	2	2
	2	—	3,2	0	4
	3	—	6,4	0	0
	4	—	—	0	0
	TOTAL	0	9,6	2	6
G. Situação de solicitude papel de socorrido			Gc1-1 6,4 Gc1-2 6,4 Gc1-3 3,2	Gc1-3 4,1	Gc1-3 2,2
	TOTAL	0	16,2	4,1	2,2
papel de prestador de socorro		Gd2-2 3,4 Gd2-3 3,4 Ge2-1 3,4	Ga2-1 6,4 Ga2-2 3,2	Gb2-2 7,8 Ge2-1 1,8	Gb2-1 4,5 Gb2-2 11 Ge2-1 2
	TOTAL	10,2	9,6	9,6	17,5
H. Situação de reconhecimento		—	—	—	—
I. Situação de tomada de resolução		—	6,4	—	—
J. Situação de jogo	1	—	—	—	4
	2	—	—	—	0
	3	—	—	—	2,2
	4	—	—	—	0
	TOTAL	0	0	0	6,2
K. Situação de atividade pacífica autônoma		10,3	3,2	5,5	4,7
L. Situação de coexistência pacífica afirmada	1	3,4	—	—	4,7
	2	—	—	2	0
	3	—	—	3,9	2,2
	4	—	3,2	2	0
	TOTAL	3,4	3,2	7,9	6,9

* Os números indicados são as porcentagens de aparição desse tipo de situação (para a apresentação pormenorizada dos tipos de situação, conferir o capítulo VI).

capítulo VIII

Animais, fantasmática animal e professores

1. Modalidades de escolha dos animais

É possível procurar saber sob quais animais costumam ser representados os professores de francês e de matemática, dependendo de serem eles homens ou mulheres, e atribuir-lhes um valor simbólico de acordo com o tipo de animal. Tais procedimentos já foram tentados a partir do gênero "que animal você gostaria de ser, não gostaria de ser?".[1]

Mas, enquanto uns verão na serpente a marca da ambição social que não hesita em recorrer a todos os meios para chegar a seus fins, psicanalistas, como E. Jones, explicam que "a serpente não simboliza apenas o sexo macho, mas essencialmente o sexo do pai". É difícil atribuir a um animal, no caso da prova proposta, um simbolismo único. O animal substitui um ser humano, por deslocamento ligado ao recalque de desejos e de medos, e tem uma pluralidade de significados.

De fato, a ordem dada permite que sejam relacionados animais e, por meio de um enredo, favorece a dramatização. Por isso não se pode separar o animal escolhido para encarnar uma personagem,

[1] Cf. Georges Romey, *Le test de l'Arche de Noé*, Paris: Robert Laffont, 1977. Col. "Réponses", 356 pp. Por exemplo: "A identificação com o gato é afirmação de liberdade conceitual, recusa da ordem fixa, desejo de gozar da fantasia. Aparência essencialmente feminina. Sensualidade 'bolinadora'. A conduta é sempre alusiva" (p. 122).

dos outros animais que estão em cena. Trata-se de analisar o significado do animal em relação às interações, de perceber as relações de objeto entre os animais e detectar as relações de sentido que se estabelecem entre eles.

Que deslocamento de forças interiores, ligadas ao desejo e ao medo, o animal permite? Quais são as articulações dos processos inconscientes ligados à simbolização e às estruturas relacionais da narração?

É um estudo clínico, para cada aluno e para cada classe, que deve ser feito para responder a essas perguntas.

Por exemplo, o aluno ao se ver num gato se põe de acordo com a professora de francês, cachorro, para matar e comer a galinha que representa a professora de matemática. Em si mesmos, cão e gato não têm nenhuma propriedade nitidamente agressiva, e apresentam a característica paradoxal de se entenderem. Nessa classe, sete em vinte e três vezes encontra-se um acordo entre o aluno e o professor de francês, sob formas diversas e sob animais diferentes. Uma vez, o macaco, na figura do qual o aluno se vê, viaja nas costas do golfinho, que é o professor de francês, e zomba da leoa, professor de matemática.

O exemplo seguinte mostra a necessidade de recorrer a uma análise interna na narração. Uma aluna, identificando-se com o cachorro, come o peixe que representa a professora de matemática, para tornar-se tão inteligente quanto a professora. Se atentarmos para o simbolismo do peixe, inseparável do da água, podemos evocar a vida, a renovação da energia vital, o mergulho nas profundezas e o mundo escondido, a imortalidade. Aqui, o peixe não é devorador e não oferece perigo de submersão pelas forças inconscientes. Ele é aquele que guia, mas é devorado. É a relação entre o cão devorador (a aluna) e o peixe devorado (a professora de matemática) que dá o significado simbólico. O peixe é um iniciador que permite ultrapassar a fronteira de um outro mundo, desconhecido, e do qual se incorpora a matéria (no caso a matemática com seu valor fálico), para adquirir seu poder. Quanto ao cachorro, situado na fronteira do consciente com o inconsciente, ele devora não para proteger, mas para apoderar-se de uma presa que o torna mais forte.

Com base em que critérios o aluno atribuiu tal animal a tal professor e ele próprio se identificou com um animal? A resposta que ele dá à pergunta "por quê" e o papel atribuído ao animal escolhido na história permitem sabê-lo.

O animal é atribuído ao *professor* na base de semelhança com três séries de traços pessoais:

- *Semelhança física* (14,52%):

"uma girafa, porque tem o pescoço comprido"
"careca" (*abutre, morcego*)
"mau hálito" (*furão*)
"leva um bode" (*cabra*)
"cobra", porque muda de estilo: um dia, está de *jeans* e blusa; noutro, está de *blazer*, saia justa e salto alto. As cobras mudam de pele (aluna)

- *Semelhança moral* (43,23%):

inteligente (*golfinho, cachorro*)
bom, amável (*cordeiro, corça, galinha, gazela*)
simpático, voraz (*loba*)
autônomo (*esquilo, raposa*)
astuto, esperto (*raposa*)
víbora, "porque ela é má e não gosta da gente"
"urso, porque ela é um pouco ingênua"
"galinha, porque ela vive atenta como uma galinha e trata a gente como se fôssemos seus pintinhos"

- *Semelhança comportamental* (42,25%)

"se requebra" (*peixe*)
"se mexe o tempo todo" (*macaco*)
"fala muito", "repete sempre a mesma coisa" (*papagaio*)
"enfurece-se com facilidade" (*gata*)
"vive resmungando e discutindo" (*urso*)
"gato, porque ele gosta de brincar: ele arranha, porque às vezes o aborrecem"
"pássaro, porque gosta de música e é poético"
"tigre, porque tem um olhar inquietante"
"sanguessuga, porque ela vive atrás de você"
"leoa, porque ela quer mandar em tudo"
"leoa, porque, quando ela dá unhadas, é como a leoa pegando a caça"
"macaco, porque vive se coçando"
"macaco, porque faz fita"
"mula, porque ela volta sempre ao mesmo assunto"
"galinha, porque ela come um por um milhares de grãos e porque a professora de matemática escreve um por um milhares de números"

"gata, porque nossa professora de matemática dá muita importância a ter roupas elegantes, em relação aos outros professores, e eu detesto gente vaidosa. Quando ela vem para a aula parece que está vestida para ir a uma festa."

Às vezes os três elementos de semelhança estão aliados: "formiga, porque é pequeno, rápido, inteligente e ativo". Ou apenas dois: "cachorro, é bonzinho mas, quando a gente o aborrece, ele morde", "cavalo, é calmo e amável, mas pode dar coices".

Para *si mesmo*, o *aluno* escolhe o animal em função de suas características comportamentais e das qualidades a elas ligadas.

Ratinha branca, "porque é carinhosa, boa, esperta e se enfia em toda parte"

Cachorro, porque gosto de impor a lei
Chipanzé, porque eu gostaria de fazer os outros rirem
Gato, porque ele tem uma agilidade e vive sempre contente, como eu
Ratinha, "porque não sou muito feliz e, se houvesse um buraquinho, eu me enfiaria nele para não ser chamada na aula"
Cegonha, porque ela viaja muito.

Com exceção de uma pequena porcentagem de escolhas efetuadas por analogia, "leão, porque é meu signo", "peixe, porque é pequeno e nós, perto dos professores, somos pequenos", e por semelhança física (12,41%) "lince, porque sou baixo para a minha idade" ou por semelhança moral (24,82%), "preguiça, porque não gosto de fazer nada", "leão, porque sou bravo e de mau humor", "cachorrinha, porque ela é afetuosa e bonitinha", "chipanzé, porque eu gostaria de fazer os outros rirem", é a identificação com um traço comportamental do animal que predomina (62,77%).

Esse último tipo de identificação compreende formas diversas de comportamentos, indo dos comportamentos afetuosos encarnados por animais como o cordeiro, o cachorro, o cavalo, até comportamentos de autonomia encarnados pelo esquilo, pela raposa. Eis alguns exemplos: "cavalo, porque o cavalo é um bom animal", "raposa, porque sou muito esperto", "ratinho, porque posso me enfiar em qualquer lugar", "melro, porque eu iria onde bem entendesse e poderia assobiar à vontade".

O fator mais constante na escolha dos traços comportamentais, estatisticamente não predominante, é o desejo de desforra, de dominação sobre os animais-professores. Na amostra, um único aluno, depois de ter colocado sua professora de matemática sob a forma de tigresa, e seu professor de francês sob o aspecto de macaco, considerou-se "sob a forma de homem", "porque é o mais inteligente".

A desforra pela liberdade expressa-se por meio dos seguintes animais: pássaro, pombo-correio, cavalo selvagem, cão de caça. "Pardal, porque o pardal é livre, ninguém o persegue, ele vai aonde quer, sem que ninguém o atrapalhe."

Outras formas de desforra servem-se de diversas qualidades: a inteligência (golfinho), a invulnerabilidade pela esperteza (a ratinha se esgueira), a impossibilidade de ser apanhado (camaleão, serpente), a agilidade (macaco, gato), a rapidez (hiena), a força (cachorro que gosta de impor a lei, guepardo, urso, leão, leopardo que sabe se defender, tigre).

Quando se analisam as histórias, percebe-se que a escolha de um animal, que simboliza uma desforra na situação educativa, aparece principalmente quando o aluno se acha em situação de conflito com os dois professores, de matemática e de francês.

2. A caracterização dos professores pelos alunos de uma classe

É interessante examinar se os alunos de uma mesma classe escolhem ou não os mesmos animais para caracterizar seus professores.

Em certas classes, os dois professores são objeto de apreciações positivas por parte da maioria dos alunos. Por exemplo, na classe de 6º ano C (24 alunos), a professora de francês é designada por um animal (gata seis vezes, pássaro quatro vezes, das quais duas vezes rolinhas, cachorro três vezes, coelho duas vezes, gazela, antílope, ursa, camundongo), ao qual os alunos atribuem características relacionais agradáveis (amável, boazinha, simpática, paciente, dezessete vezes). A escolha dos outros animais é explicada por características exteriores: rã, porque ela tem grandes patas, alta como a girafa, crespa como um carneiro, crocodilo, porque sofreu um desastre e conseguiu escapar (é tão invulnerável quanto o crocodilo) etc. Ela também é esperta e fica brava. Apenas uma única apreciação bem negativa a coloca sob a aparência de uma víbora, sem explicação e com a recusa de escrever uma história (o professor de matemática é apresentado como uma pantera negra, sem justificação). Sobre o professor de matemática, as opiniões são mais diversificadas.

Ele é amável, simpático, em doze casos, apesar da seguinte observação: também tem um pouco de gênio, às vezes muda e dá pito. Por isso, é muitas vezes apresentado sob os traços de um cachorro (sete vezes), de um leão (quatro vezes), de um gato (quatro vezes), de um cavalo (duas vezes), de um camaleão. Um trocadilho sobre coruja (*chouette*)* põe em destaque suas qualidades de bondade. As características físicas grande, gordo (quatro vezes) justificam a escolha dos animais: elefante, cão são-bernardo, gorila, buldogue. Características intelectuais também, sobretudo a inteligência (golfinho, por exemplo). Em quatro casos ele é apresentado como duro, exigente.

As situações encontradas nessas histórias não são agressivas e só se referem à associação com um professor para agredir o outro, em quatro casos (três alunos, uma aluna). Aparecem três recusas de fazer uma história (dois alunos, uma aluna). Em oito histórias, a cooperação se estabelece entre o aluno e seus dois professores (quatro alunos, quatro alunas) às vezes graças à intermediação de um professor (dois casos). A independência, sob a forma da coexistência pacífica, encontra-se em oito casos (quatro alunos, quatro alunas) e se traduz quase sempre por uma apresentação separada dos animais, cada qual com sua autonomia.

As opiniões dos alunos a respeito de seus professores são às vezes variáveis, com certas dominantes. Em uma outra classe, em que há um professor de matemática e uma professora de francês, constata-se uma grande diversidade. O professor de matemática obtém três imagens positivas, seis negativas e três neutras junto aos

* Além do nome do animal, *chouette* significa bonito, elegante, digno de elogio. (N.T.)

doze alunos; cinco imagens positivas, cinco negativas, uma neutra junto às 11 alunas. Para a professora de francês, os números são praticamente o inverso: seis imagens positivas, quatro negativas, duas neutras junto aos alunos; duas imagens positivas, seis negativas, três neutras junto às alunas. Nas histórias, as situações são quase sempre de conflito (sete nos alunos, seis nas alunas, estas agredindo principalmente a professora de francês), de pouca cooperação (duas nos alunos, duas nas alunas), com o cuidado de proteger sua autonomia (três nos alunos, duas nas alunas).

As apreciações positivas que predominam em relação aos dois professores numa classe são feitas às vezes pelas qualidades complementares desses professores. Por exemplo, a professora de matemática é considerada inteligente, amável: a autoridade que ela manifesta é apreciada pelos alunos ("ela sabe se fazer obedecer"), e menos pelas alunas ("quer mandar"). Ela só recebe duas apreciações negativas nos 13 alunos ("um olhar meio ameaçador", "mal-humorada"), uma nas 12 alunas ("fica brava com facilidade" com duas opiniões depreciativas quanto à aparência física da pessoa ("gorda", por isso foi escolhido o elefante). Para o professor de francês, não são julgamentos que explicam a escolha dos animais, mas os traços característicos de seu comportamento: sonhador, poeta, gesticula, faz caretas, é agitado (para oito entre treze alunos e para dez entre doze alunos). Por isso ele é apresentado sob os traços de um pássaro (cegonha, rouxinol, para as alunas), de um macaco, de um cão amestrado, de um papagaio. Seu comportamento só recebe duas apreciações negativas entre os alunos ("sempre 'no pé' da gente", "ele esbraveja') e uma, entre as alunas ("critica todo mundo").

Apesar da predominância de apreciações positivas, acham-se sete situações de conflito e de agressão nos alunos, quatro nas alunas, três situações de cooperação nos alunos, quatro nas meninas; todas as outras situações consideradas são de autonomia e de independência. Isso mostra que o imaginário se afasta do real.

Pode acontecer de os *julgamentos a respeito dos professores, cujo enunciado se serve de animais, serem nitidamente afetados pelo sexo dos alunos.* Numa classe em que, tanto para a matemática quanto para o francês, as professoras eram mulheres, quase todas as alunas lhes são favoráveis: no caso da professora de francês, todas a acham amável (pássaro, canário, corça, gato, gazela, cachorro, galinha), todas menos uma opinião desfavorável em relação à professora de matemática (cachorro, gato, cabra, leoa, pássaro, cavalo, mosca). Já os alunos estão divididos. A professora de matemática parece simpática, inteligente para seis entre doze alunos; severa, teimosa e fútil para os outros (porco, vaca, mula, cão *poodle*). A professora de francês apresenta uma imagem positiva para onze entre doze alunos (cachorro, galinha, gato, golfinho, corça — amável mas às vezes exigente). As histórias mostram muitos conflitos entre os alunos (dez entre doze), muito menos entre as alunas (duas entre onze), que atribuem mais às professoras uma situação conflituosa (quatro), e que relatam situações de cooperação, de solicitude e até de idílio.

Às vezes as alunas ficam mais divididas, sobretudo no que se refere à professora de matemática. Numa classe em que alunas (oito entre onze) e alunos (oito entre nove) apresentam uma forte maioria de apreciações positivas em relação à professora de francês, a professora de matemática é violentamente rejeitada, com situações brutais de conflito, por sete entre nove alunos e sobretudo por cino entre onze alunos, as outras se colocando em situações de cooperação, ou de afastamento e de autonomia. Ao contrário, a professora de francês, mesmo quando apresentada como amável, figura em inúmeras situações de conflito-agressão.

Quando um traço comportamental de um professor é dominante, alunas e alunos concordam em geral quanto ao julgamento atribuído. Por exemplo (6º ano H), a professora de francês é vista como tagarela, repetindo sempre a mesma coisa (oito entre treze alunos, sete entre onze alunas). O mesmo acontece com o professor de matemática, mas se ele parece severo, rabugento aos olhos de todos, algumas alunas reconhecem nele uma certa amabilidade ("rosna, mas não morde").

3. Fantasmática ligada aos professores

Uma análise da fantasmática pode determinar a natureza dos fantasmas ligados aos professores de matemática e de francês.

I. Fantasmática ligada ao professor de matemática

O aluno é atraído por aquele que possui, pela matemática, o poder. Mas teme ser invadido por ele, ser devorado no plano fantasmático.

O professor de matemática aparece como um ser temível do qual ele receia o castigo, a sanção sempre possível. Para não ser devorado, o aluno adota uma das duas atitudes possíveis:

— ou faz ato de submissão, atraindo os olhares para si, agindo até por sedução; neutraliza o professor pela união, esperando ser fortificado por uma espécie de osmose;

— ou então colocá-lo à distância, de modo que a personagem que detém o poder não o exerça sobre ele.

Observam-se porém diferenças de acordo com o sexo do aluno e com o sexo do professor.

• ALUNA

Professora de matemática

Essa professora é percebida como um ser investido de poder, representante da lei e da ordem, que é pressentida como podendo tornar-se perigosa. A professora de matemática é atraente ("égua bem torneada", "com bela crina"), independente, agressiva ("não se deve pisar nela", "cobra, víbora, que muda de pele, que dá golpes com rabo, gato que se enfurece à toa"). Sua força lhe permite porém socorrer eficazmente os outros (ela é a cachorra que se atira sobre o gatinho, a professora de francês, que está à espreita do pássaro, a aluna).

O que caracteriza essa professora aos olhos das alunas, em relação aos alunos, é o seu poder de mãe ("domingo de manhã, uma gata teve dez filhotes") que chama para comer, ou que pode excluir, no plano fantasmático. O poder da mãe, segundo a teoria de Malanie Klein, aparece por suas ações de cuidar, de informar, de alimentar, de corrigir e também de recusar o alimento, de destruir, de se metamorfosear. Ela quer se apossar do aluno, que se defende ("o cavalo quis lamber o gato — a aluna — como se fosse um filhote. Aí o gato mordeu o rabo dele"). Talvez seja melhor associar-se a ela do que ser sua rival diante do homem: o coelho (aluna) e o elefante (professora de matemática) são seguidos pelo macaco; o elefante arranca a árvore na qual está o macaco, joga-o no rio e o afoga.

Professor de matemática

Personagem apresentada quase sempre como associável, ou fora das normas, ele inspira temor por seu poder (força, virilidade) e representa um perigo de devoração: cachorro que põe para correr todo mundo que chega perto dele, tigre que está com fome, gato que come o coelho (aluna). Nota-se uma atração pelo poder que ele representa, o que provoca manobras de sedução.

"O touro (professor de matemática) viu a gata (aluna). Teve vontade de arremessar-se sobre ela, mas ela era muito esperta e foi falar com ele. Aí o touro achou a gata muito legal." Junto a esse professor, pode-se até achar refúgio: "O pássaro (aluna) vai se esconder na casinha do cachorro (professor de matemática), porque a gata (professora de francês) o perseguia." Mas ele dá medo por causa de seu poder fálico:

"O cachorro (professor de matemática) mergulhou na água e quis me pegar (aluna sob a forma de peixe), ele espirrava água para todo lado."

• ALUNO

Professor de matemática

O professor é vivido principalmente como representante da lei, como personagem dotada de inúmeros poderes, em particular o de moldar e imprimir sua marca. Ele tem o poder, pela força e pela inteligência. Poder feroz: "O leão (professor de matemática) come muito, mas às vezes chega a comer os filhotes." Poder com o qual é possível conciliar-se (tornando-se seu amigo) ou que se incorpora (o animal que representa o aluno mata-o e o come). Mesmo que tenha aparência simpática, todos desconfiam dele: "O cão *cocker* (professor de matemática) é amável, mas quando se sente ameaçado, torna-se ameaçador: isso não costuma acontecer."

Esse poder é vivido como ameaçador, mas os mecanismos de proteção intervêm:

— por um distanciamento, ao aumentar a distância psicológica entre o aluno e o professor, sobretudo tornando-o uma personagem inacessível;

— por contestação de seu poder, tornando-o vulnerável (isso aparece em duas das classes em que a *enquête* foi feita).

Em compensação, não aparece o mecanismo de sedução. Além disso, em certas situações, em particular quando a classe tem uma professora de francês, o poder do professor de matemática é reinvestido no âmbito dos projetos inconscientes do aluno: o professor de matemática se vê então colocado no papel instrumental, torna-se um personagem a serviço do projeto amoroso do aluno em relação à outra professora.

Professora de matemática

Constitui uma figura ambivalente para os alunos. Personagem poderosa (força, ordem, lei, saber, cuidados), ela parece perigosa porque está pronta para devorar. Mas o aluno gostaria de apossar-se de seu poder, seja seduzindo-a, seja sobretudo dominando-a para sujeitá-la à sua vontade e devorá-la: comer a galinha, violentá-la, com maior ou menor sadismo ("eu acabo com ela — macaca professora — mas deixo ainda um restinho para botá-la de castigo um dia inteiro"). "Eu poderia comê-la, mastigá-la, cortar-lhe o pescoço, estou falando da professora de matemática".

Pode-se formular a hipótese de que a professora de matemática estaria investida de um poder, em virtude da disciplina matemática; mas, pelo fato de a disciplina ser apresentada por uma mulher, o aspecto perigoso ainda ficaria reforçado. Tudo nos leva a considerar que a matemática representa um objeto masculino e que, como tal, é portadora de todos os atributos fantasmáticos que lhe são imputados.

A comparação das situações encontradas nas histórias em que se vê colocado o professor de matemática, conforme seja professor ou professora, permite destacar as representações que os alunos têm, em geral, do homem e da mulher. Surge uma série de estereótipos. Por exemplo, o professor é percebido mais em posição de agressor, e menos como agredido, em relação à professora, por parte dos alunos. o professor é visto num papel ativo, a professora num papel passivo. Constata-se nos alunos uma resistência, no plano inconsciente, para aceitar a ajuda das mulheres.

II. Fantasmática ligada ao professor de francês

Independentemente do sexo do aluno e do professor, o professor de francês aparece como um ser vulnerável. A análise de conteúdo destaca esse tema, que aparece com grande freqüência. Frágil, ele é a vítima nas situações relatadas, vítima pela natureza de sua personalidade, que o torna mais sensível que os outros aos ataques do mundo exterior.

As professoras de francês são representadas, tanto pelos alunos quanto pelas alunas, como pessoas sem defesa, medrosas, desajeitadas, submissas, caindo em ciladas ("corça caiu na armadilha"; "corça que foge para não ser morta", "gato que cai na cilada", "coelhinho branco atacado por uma víbora"); que são atacadas, feridas e que sangram. O animal atacado não se defende. Às vezes percebe-se certa idealização de um ser que não se apega ao que é terrestre ("come grãos, bebe água").

O potro (aluna) está no prado. É muito bom e muito calmo. Brinca com os outros potros, corre, dá pinotes e volta em passo de marcha.

Um pássaro (professora de francês) pousou num galho florido, à escuta dos ruídos. De repente voou, deixando umas penas. O gato estava lá, à espreita dos pássaros. Mas o pássaro não voltou.

O professor de francês apresenta características semelhantes, mas com uma diferença fundamental introduzida pelos alunos. Também ele, de modo geral, é descrito como um ser frágil no plano psicológico, inquieto, assustadiço, sujeito a ser atacado e capturado: "belo pássaro que corre o risco de ser comido"; "o pássaro sonhava e caiu do ninho"; "sonhar, um pássaro pode percorrer o mundo para sonhar". Ora ele é uma vítima passiva, que se deixa abater (afogam-no); ora, ao contrário, ele reage aos ataques, e pode até socorrer os outros. Mas um outro tema é introduzido pelos alunos, o do ser ferido moralmente porque se tornou objeto de zombaria, de desconsideração. É alguém, por exemplo, em cima de quem se deixa cair uma pêra, ovos ou sujeira.

Un jour, la vache passa sous un poirier, je lui laisse tomber deux ou 3 poires sur le museau en lui disant, ma cher vache vous avez oubliez vos poires juste à ce moment passa son ami le vautour qui lui dit ma chez vache je ne savais pas tant que vous aimiez les poires.

"Um dia, a vaca passou embaixo de uma pereira, eu deixei cair duas ou três pêras no focinho dela e disse, minha cara vaca você esqueceu suas pêras justo nessa hora ia passando o seu amigo abutre que lhe disse minha cara vaca eu não sabia que você gostava tanto de pêra."

Vaca: professor de francês.
Abutre: professor de matemática.
Melro: aluno.

Em geral, o professor é visto como algúem que merece pena, mas neste caso é ridicularizado e diminuído aos olhos de todos pela caçoada. Os alunos estariam rejeitando no professor de francês aquilo que não está de acordo com uma imagem viril? Ele parece ainda mais vulnerável ao aluno por ser de sexo idêntico ao seu, principalmente para os alunos (o dobro da freqüência, em relação à da professora). A vulnerabilidade, no imaginário dos alunos de 6º ano, está mais associada ao sexo feminino do que ao masculino.

O comportamento maternal aparece nitidamente nas meninas, em relação ao professor ou à professora de francês. A professora gera, apazigua, faz a iniciação, protege da agressão sexual; o professor tem um papel protetor, manifesta uma ação de ajuda, cuida, cura (o macaco — professor de francês — recolhe e cuida de um pombo-correio ferido — aluna).

O tema da sedução, que aparece com grande freqüência, também está ligado ao feminino nas produções dos alunos, em quase todos os casos. São as professoras que surgem como sedutoras, tanto para os alunos como para as alunas, mas com uma freqüência muito grande nos alunos. Para os alunos, ela seduz, atrai de modo esconso ("se requebra", "se lava", "me olha com olhos parados"; para as meninas, ela se exibe ("meneia o corpo", "dança"), procura carícias. A professora de francês tenta seduzir pela linguagem. No extremo, ela é o verbo feito carne.

Essa sedução é ambivalente: ou leva alunos e alunas à união com a professora, até a relação sexual consentida, ou redunda na ação agressiva da professora, que é satisfeita ao devorar ou ao se apropriar do aluno fisicamente, ou que é sustada violentamente numa luta com ressonâncias sexuais. A imagem de rival vingativa aparece nas alunas; e, nos alunos, a de mulher dominadora.

O professor não parece ter muita sedução aos olhos dos alunos e alunas. Se o tema da união com ele está presente (com um laivo homossexual nos alunos), se o tema da agressão, da devoração, existe mais nas alunas do que nos alunos, fica a impressão de que esses temas não têm o mesmo significado do que quando associados ao professor de matemática.

Para os alunos, a professora de francês é percebida como instável, com reações imprevisíveis, capaz de chegar a extremos. Ela assume papéis ambivalentes (agressor ou prestador de socorro), sempre ativos no domínio afetivo. Há um desejo de responder à sua sedução, embora saibam que ela é dominadora. Quanto ao professor de francês, ele é colocado, no plano imaginário, em situações contrastadas, de atividades pacífica e de agressão.

As alunas ficam na defensiva diante da professora de francês, que lhes parece ter um comportamento ambíguo; colocam-se quase sempre diante dela em situação de rivalidade. O professor pode trazer-lhes ajuda, mas sem segurança, a tal ponto é grande a vulnerabilidade dele. A falta de jeito do professor o levaria a ser mais agressivo do que sedutor.

Convém observar que o professor ou a professora de francês, mesmo se parece vulnerável, tem poder. Este não é de natureza idêntica ao do professor de matemática: os alunos atribuem ao professor de francês a propriedade de ler com facilidade as emoções e sentimentos do interlocutor, e até de penetrar no íntimo do outro (ela ''se intromete em tudo''; ''pega as coisas dos outros''), enfim, de imiscuir-se em sua intimidade, seja por curiosidade, seja para prestar-lhe ajuda.

III. Polaridade dos fantasmas

O que parece dominar no imaginário dos alunos, em relação ao professor de francês, é a natureza feminina dos fantasmas. Não se pode afirmar que estejam sempre ligados à mãe, e toda tentativa de explicação em termos de relação com a mãe segundo o sexo da criança na solução do complexo de Édipo, ou ainda em termos kleinianos de mãe boa ou má, não encontraria apoio na análise de conteúdo dos fantasmas produzidos nos textos. A explicação, a nosso ver, só pode ser global: trata-se da expressão de uma relação simbólica entre a criança e o objeto feminino, percebido mais em seus aspectos psicológicos, isto é, relativos ao conjunto dos papéis ligados à imagem feminina (cf. P. Tap, 1977) do que nos aspectos inconscientes, exceto para alguns elementos que se referem ao domínio materno.

Decerto, uma hipótese explicativa da organização dos fantasmas associados ao professor de francês e ao professor de matemática poderia ser formulada se nos referíssemos à análise do simbolismo fálico segundo Ernest Jones (1969). O professor de francês se aproximaria do grupo matriarcal no simbolismo fálico, em que o filho, com tendências revolucionárias, é representado seja por símbolos tabus, por formas animais diabólicas, seja por figuras desprezadas, como o asno ou o macaco. Quanto ao professor de matemática, pertenceria ao grupo patriarcal que representa a presença do pai. Mas esta hipótese, mesmo se pode ser formulada em vista das linhas que orientam a análise, não é verificável nos pormenores.

Pode-se também fazer um confronto com os resultados da análise realizada por R. Perron e Th. Mathon (1976) a propósito de histórias contadas por crianças, em que o amor e a lei são aspectos de imagens parentais. Nas funções paternas, aparecem o dom e o pedido do nível da lei que o pai impõe. Nas funções maternas, estão o socorro, a proteção, o consolo, o dom. Mas vimos que os fantasmas dos alunos que se referem ao professor de matemática e ao professor de francês, embora estejam orientados globalmente para as funções paternas, no caso do primeiro, e para as funções maternas, no caso do segundo, não se reduzem a essas funções, mesmo se se considerarem as formas derivadas (exemplo: rivalidade com o professor, o pai).

De fato, constatamos, nos fantasmas que se referem aos professores de francês e de matemática, os mesmos conjuntos temáticos ou os mesmos processos (distanciamento do objeto, ao mesmo tempo buscado e temido, inversão da agressividade sobre si mesmo, projeção, por exemplo) com diferenciações segundo o sexo do aluno e do professor em questão, mas com uma diferença de orientação: polarização masculina para a matemática a polarização feminina para o francês.

Apesar dessa polarização, não se podem definir imagens simples, do tipo pai castrador e mãe devoradora, ou pai sedutor e mãe incestuosa: os papéis não são atribuídos de forma assim tão nítida a um sexo ou a uma matéria.

São orientações de tendências imaginárias, traços gerais que detectamos pela análise de conteúdo das produções projetivas fornecidas pelos alunos de 6º ano. Seria necessário fazer a mesma análise em outros anos do curso secundário para ver a persistência ou a evolução do tempo dessas tendências. Além disso, o fato de haver introduzido na prova matérias tão diversas quanto são para o aluno a matemática e o francês talvez tenha induzido ao contraste masculino-feminino. Conviria aprofundar a verificação dessa hipótese a partir de confronto com as outras matérias do curso.

capítulo IX

A expressão do imaginário nas narrações

1. Forma das narrações

A estrutura dos textos é de tipo linear, isto é, a narração apresenta um encadeamento de fatos, às vezes com a introdução de um diálogo, segundo um tipo de construção simples, organizado num tempo que decorre sem entrelaçamento de episódios. Um único episódio, em geral denso, resume o sentido de uma relação. A narração quase sempre tem a forma de um conto — não a de fábula, que tem caráter moralizador — com aspectos mágicos ou sobrenaturais, com figuras que não se compreende completamente porque elas ultrapassam a própria personagem.

As produções fornecidas assemelham-se mais ao tipo "narração", "conto", do que às estruturas da história em quadrinhos ou ao corte cinematográfico das cenas de um filme. Quase sempre começam por "um dia... uma vez..." e são parecidas com contos que se passam fora do espaço e do tempo, escritos no imperfeito e no pretérito perfeito, apesar das dificuldades que o aluno tem para conjugar corretamente os verbos.

Há poucas analogias com o sonho: os fenômenos de condensação, por concordância entre dois elementos do conteúdo latente que se exprimam no conteúdo manifesto, ou de sobredeterminação, reunindo traços de vários professores associados, são muito raros: pouquíssimas vezes uma personagem representa de fato vários professores ao mesmo tempo, e cada professor, ao contrário, é sempre bem caracterizado. Não se constata fenômeno de deslocamento, em que se passem as qualidades de uma pessoa para outra.

O estilo geral é o da narração dramática, com unidade, com uma dominante simbólica e seu dinamismo interno. A narração, no passado, parece fora do tempo. Na realidade, ela evoca um "possível", que contrabalançaria os momentos vividos de forma bem determinada no cotidiano. Essa linguagem espontânea não contém procedimentos retóricos nem figuras de estilo. Ao contrário, manifesta-se uma espécie de embriaguez verbal, própria do imaginário. O aluno não procura apagar a palavra liberada: poucas correções se encontram nos textos. Às vezes ele se dirige diretamente ao professor em questão:

Un jour j'ai rencontré une lionne s'était ma proff de
Français. je lui dit : alors lionne, toujours aussi méchante
Tu va te taire dit elle.
Vous ne me faites pas peur vieille badruche
je te donnerai une colle pour mecredi prochain.
Vous pouvez me donnez tous se que vous voulez. je ne
viendrai pas.

?

Je n'ai rien n'a dire sur le proffesseur de math
car ses lui que j'aime le mieux

"Um dia encontrei uma leoa era minha professora de francês.
Eu disse: então, leoa, continua a malvada de sempre?
Cale já a boca, ela respondeu.
Não tenho medo da senhora, velha bolha
Vou pôr você de castigo no sábado.
Pode dizer o que quiser. Eu não venho mesmo.

?

Não tenho nada a dizer sobre o professor de matemática porque
dele eu gosto muito"

Papagaio: aluno
Leoa: professora de francês
Gato: professor de matemática

Às vezes a apresentação das personagens é feita com certo humor:

Un jour un singe faisait des acrobasie dans un arbre. Soudain apparut un pingouin, le singe dit: il est «dingue» celui là, on a jamais vu un pingouin dan des fôrêts. Mais c'est se casse-pied de prof de math! Filons!» Arriver à la rivière une girouette se bagnait.

"Um dia um macaco estava fazendo acrobacias numa árvore. De repente apareceu um pingüim, o macaco disse: que loucura, nunca se viu um pingüim na floresta. Mas é o chato do professor de matemática! Vou dar o fora! Chegando ao riacho um galinho estava tomando banho."

Macaco: aluno.
Galinho: professora de francês.
Pingüim: professor de matemática.

Às vezes o aluno é mais duro e irônico:

"Era uma vez um macaco (*professora de matemática*) chamado patinho feio que fazia muitas macaquices e todo mundo gostava dele porque ele era bobo, presunçoso, cretino, idiota, imbecil, hipócrita" (*aluno*).

A violência verbal atinge graus mais ou menos fortes:

"O lhama (*professor de francês*), quando se cospe nele, é preciso logo dar o fora, quando ele cospe não erra" (*aluno*).

"Eu o leão o terror, fico excitado com a professora de francês (*cachorra*). Meus nervos não vão agüentar e no fim do ano eu vou me vingar e ela vai fazer na calcinha" (*aluno*).

2. Dinâmica das narrações

Se a forma da narração é de tipo convencional, respeitando as regras tradicionais do conto, já o conteúdo se apresenta mais a uma visão, com a ampliação que ele introduz nos fatos e com a fixidez que dá ao olhar.

A narração é, ao mesmo tempo, o dublê da situação atual, tal como é vivida no inconsciente do aluno, uma criação lúdica a partir do que poderia ser, e uma forma de catarse, para eliminar de si as pulsões e diminuir as tensões internas. Se tal é a função da narração, as produções revelam processos dinâmicos diferentes, por causa da diversidade dos elementos do fundo psíquico da criança. Dois tipos principais de processos predominam: processo de dramatização e processo de compensação.

I. Processo de dramatização

O processo de dramatização caracteriza-se por uma ênfase dos aspectos emocionais na situação vivida pelo aluno com seus professores, no plano do imaginário, e pela expressão da violência de um parceiro que quer destruir o outro com maior ou menor crueldade e ferocidade. Os atos de destruição são atribuídos ao aluno ou ao professor, mas é difícil dizer se, para o aluno, eles correspondem a uma pulsão agressiva de sua parte ou se não há inversão de papel de vítima para o de agressor, do tipo identificação com o agressor. O aluno às vezes introjeta a agressividade do professor sobre o qual ele projeta, em contrapartida, seu sentimento de estar ameaçado. O processo inverso interfere no desejo de ser socorrido numa fase de perigo. O ato de matar é objeto de atos simbólicos:

— enfiar o leão num espeto (professor de matemática e aluno), o gato (aluno) fura o olho do cachorro (professor de matemática);
— afogar o macaco (aluna e professor de francês);
— devorar.

> "Uma lebre (*aluno*), recém-chegada na floresta, era visada por um tigre (*professor de francês*) e por uma raposa (*professora de matemática*) esfomeados. Eles lhe armam mil ciladas mas a lebre sempre consegue se sair bem. Mas um dia, cansada, ela acaba se deixando devorar pelos dois."

Talvez esteja aí uma alusão à angústia do aluno que vai entrar no colégio.*

* Ver Nota da Tradução à p. 7.

"Um dia vi um macaco (*professor de francês*) e eu estava com muita fome então tentei pegá-lo para o matar e uma raposa (*professora de matemática*) chegou antes de mim e o matou, eu furioso peguei a raposa e a comi viva" (*aluno se representando sob a forma de um leão*).

Um dia na floresta o tigre (aluno) e o leão (professor de matemática) estavam caçando juntos o antílope (professora de francês). E após duas horas de marcha eles encontraram o antílope. Mataram ele e comeram.

A agressão sexual se expressa sob forma simbólica na narração seguinte:

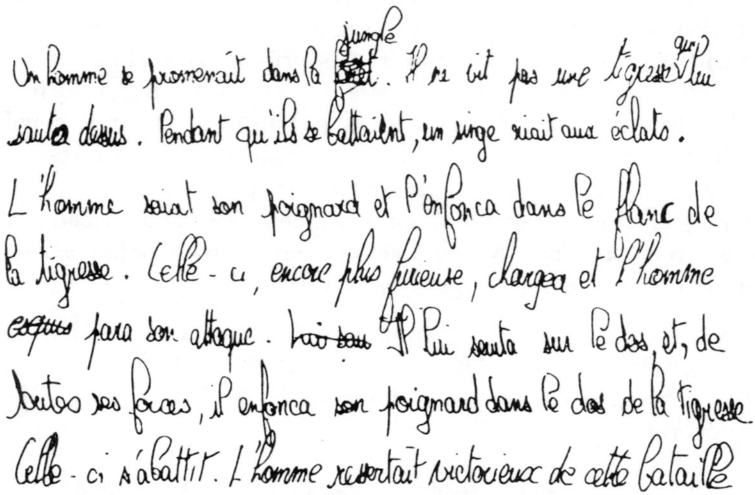
Un homme se promenait dans la jungle. Il ne vit pas une tigresse qui lui sauta dessus. Pendant qu'ils se battaient, un singe riait aux éclats. L'homme saisit son poignard et l'enfonça dans le flanc de la tigresse. Celle-ci, encore plus furieuse, chargea et l'homme para son attaque. Il lui sauta sur le dos, et, de toutes ses forces, il enfonça son poignard dans le dos de la tigresse. Celle-ci s'abattit. L'homme ressortait victorieux de cette bataille

"Um homem passeava na selva. Ele não viu uma tigresa
que pulou em cima dele. Enquanto eles lutavam, um macaco ria às gargalhadas.
O homem pegou seu punhal e enterrou no flanco da
tigresa. Esta, ainda mais furiosa, atacou, e o homem
sustentou o ataque. Ele pulou em cima das costas dela e, com
toda a força, enterrou o punhal nas costas da tigresa.
Esta caiu. O homem saiu vitorioso dessa luta."

Homem: aluno.
Macaco: professor de francês.
Tigresa: professora de matemática.

O aluno pode ser punido por ter infringido a lei e por ter sido o vencedor da rivalidade edipiana.

> "Isso se passa na savana, um leão (aluno) persegue uma girafa (*professora de matemática*) e um macaco (*professor de francês*). O macaco que não quer se cansar agarra no rabo da girafa e sobe em suas costas; por muito tempo a perseguição continua, mas finalmente a girafa, que se acredita perdida, corre para a floresta seguida pelo leão, o macaco sobe na cabeça da girafa e se agarra numa árvore. A girafa é comida pelo leão e o macaco ajudado por muitos gorilas mata o leão."

A agressão é mais complexa no texto que se segue. O aluno projeta no outro seu próprio desejo e tudo acontece num lugar simbólico, no banheiro (local onde a pessoa descobre sua intimidade), às escondidas (sob uma tampa), por surpresa, não sem culpabilização e com necessidade de se justificar (respondeu a um chamado).

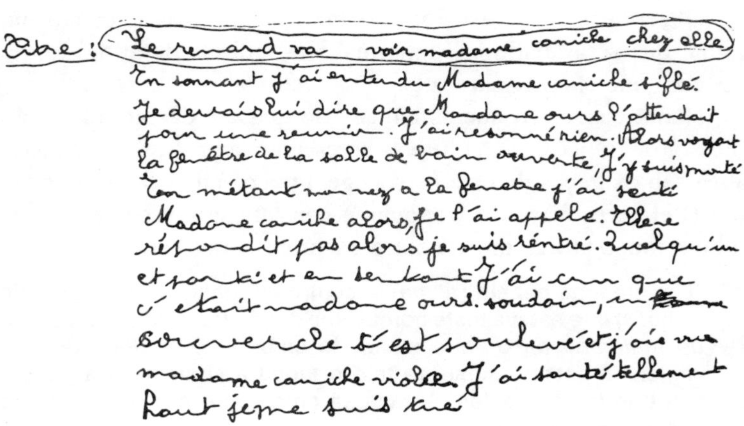
Titre: Le renard va voir madame caniche chez elle
En sonnant j'ai entendu Madame caniche siffler.
Je devais lui dire que Madame ours l'attendait
pour une reunion. J'ai resonné rien. Alors voyant
la fenêtre de la salle de bain ouverte, j'y suis monté
En mettant mon nez a la fenetre j'ai senti
Madame caniche alors je l'ai appelé. Elle ne
répondit pas alors je suis rentré. Quelqu'un
et sorti et en sentant j'ai cru que
c'était madame ours. soudain, un
couvercle s'est soulevé et j'ai vu
madame caniche violée. J'ai sauté tellement
haut je me suis tué

Título: *A raposa vai visitar dona poodle em casa dela.*
Quando toquei a campainha, ouvi dona poodle assobiar.
Eu tinha que dizer para ela que dona ursa a estava esperando
para uma reunião. Tornei a tocar e nada. Como a janela do
banheiro estava aberta, eu subi. Pondo meu nariz na janela,
senti o cheiro de dona poodle. Então eu a chamei. Ela não respondeu
então entrei. Alguém saiu e, cheirando,
pensei que fosse dona Ursa. De repente uma tampa se ergueu
e vi dona poodle violada. Dei um pulo tão alto que me matei.

Raposa: aluno.
Ursa: professora de francês.
Poodle: professora de matemática.

Em muitos casos, a dramatização põe em cena personagens implicados numa intriga. Um jogo de entendimentos ou de rivalidades intervém entre eles.

Caso da aliança do aluno (raposa) com o professor de matemática (galo) contra a professora de francês (tigresa):

> "Eu, raposa, que ia visitar meu amigo o galo. Passei nos bosques onde eu via o compadre tigre falando com sua mulher. 'Eu vou pegar o galo da fazenda aqui ao lado e nós vamos assar ele.'"
> "Depois de escutar essa conversa, corri até a fazenda e lá vou para o meu esconderijo com o amigo galo. Depois nós vamos avistar os caçadores, e eles vão matar o tigre. E sua mulher nunca mais virá ao colégio e os alunos serão felizes."

Observe-se a atenuação: é o marido da tigresa, e não ela mesma, que será abatido. É uma maneira indireta de atingi-la, de fazer com que ela desapareça.

Numa classe em que as alunas são quase todas atraídas pelo professor de francês, e em que elas apresentam a professora de matemática sob os traços de uma personagem pouco amável, enfurecida, astuta ("ela dá prova no meio da aula"), constata-se uma cumplicidade da aluna com o professor para obrigar a professora a entregar-se.

> "Um dia uma gazela (*aluna*) encontra um gatinho (*professor de francês*) que estava triste porque sua dona, uma vaca (*professora de matemática*), o tinha mandado embora. Eles decidiram se vingar. O gatinho subiu no teto e tapou a chaminé e a gazela tapou todas as saídas. A vaca se entregou e prometeu que os deixava continuar na casa."

Na história seguinte, uma personagem suplementar é introduzida com valor simbólico (a menina montada no cavalo).

Un jour, dans un forêt une fille se promena avec son cheval. Tout à coup un chien attaqua le ~~chien~~ cheval, celui-ci lui donna un coup de sabat et le tua. En rentrant la jeune fille vit un singe dans le parc en train de voler, le cheval fit tomber la jeune fille par terre et courut après le singe et le tua.

"Um dia, numa floresta uma menina passeia com um cavalo. De repente um cachorro atacou o cavalo, este lhe deu um coice e o matou. Ao voltar para casa a menina viu um macaco no jardim que estava roubando, o cavalo derrubou a menina no chão e correu atrás do macaco e o matou."

A menina, que se apropriou do poder fálico e que cavalga (simbólica sexual), é o objetivo. O cavalo (professor de francês), mata o macaco (aluno), rival que se apresenta (cachorro: professora de matemática).

Não se encontra narração em que o herói se vê diante de um dilema, enfrentando duas exigências contraditórias. A narração introduz uma engrenagem de causas e efeitos que leva a um desfecho fatal, com pouquíssimos sentimentos ou emoções expressas (raramente a piedade, uma única vez o terror); o aspecto patético não aparece. Entretanto às vezes uma peripécia pode reativar a ação e, depois de um momento em que tudo parece definido, surge uma modificação, seja pela irrupção de outra personagem, seja por deslocamento da agressividade, que afasta a intenção primeira.

Às vezes é introduzida uma atenuação do ato pelo emprego de uma astúcia que, como em certos romances medievais, desvia o leitor do ato de crueldade para levá-lo a se regozijar com a engenhosidade da personagem e com o senso de humor do autor.

les trois animaux.

Le lapin est un amie da la lionne. Mais le lapin n'aime pas le singe qui se prend pour un chien savant. Il veut tout savoir

et quand le lapen et la lionne vont ce prommenré le singe est là

de brancha il l'est rattrape vite et écoute tout ce qu'ils dient comme le singe est savant il comprend tout ce que dit le lapin et la lionne. tous les jours il revenait le lapin et la lionne

en avaient assez de se singe. Alors un jour ils décida de

lui tendre un piège. Ils savaient qu'il allait de branche en branche alors le lapin prit une scie et coupa à moitié la branche le singe arriva et tomba il était mort pauvre bête mais la curiosité est un vilain déffo. et le lapin et la lionne étaient bien tranquille sans le singe.

"Os três animais.
O coelho é um amigo da leoa. Mas o coelho não gosta do macaco que se acha um cão inteligente. Ele quer saber tudo e quando o coelho e a leoa vão passear o macaco está lá no galho vai depressa atrás deles e ouve tudo o que dizem como o macaco é inteligente ele compreende tudo o que diz o coelho e a leoa. Todos os dias ele voltava o coelho e a leoa estavam fartos desse macaco. Então um dia resolveram preparar uma armadilha. Eles sabiam que ele pulava de galho em galho então o coelho pegou uma serra e cortou metade do galho o macaco chegou e caiu estava morto coitado mas a curiosidade é uma coisa muito feia. e o coelho e a leoa ficaram sossegados sem o macaco."

Coelho branco (resposta dada no questionário): aluna.
Macaco: professor de francês.
Leoa: professora de matemática.

A relativa desproporção entre os animais permite certas fantasias:

Un jour, je rencontra un ours qui se gratta jusqu'aux sang je lui demanda ce qui l'avait. Il me répondit que c'est une puce qui le démangeait. Moi le lion le roi des animaux qui est intelligent je pris un marteau et j'écrasa la puce contre la peau de l'ours. et l'ours en creva avec la puce.

"Um dia, encontrei um urso que estava se coçando desesperado perguntei o que ele tinha. Ele respondeu que era uma pulga que o picava. Eu o leão rei dos animais que é inteligente peguei um martelo e esmaguei a pulga contra a pele do urso. e o urso arrebentou junto com a pulga."

Leão: aluno.
Urso: professor de francês.
Pulga: professora de matemática.

A atenuação da crueldade decorre às vezes da apresentação de uma necessidade vital, que desvia a "boa intenção" prévia:

Un jour le tigre se promenait, quand soudain il se roula par terre, tot c' etait une sansue qui lui bectait le sang. Et me vl'a, moi la hyène qui vient pour deliver le tigre. Mais comme j'avais faim je me suis ramné et je les ait bouffé. (Niam niam).

"Um dia o tigre estava passeando, quando de repente ele
começou a rolar no chão, era uma sanguessuga
que lhe bicava o sangue. E aí eu, a
hiena, cheguei para livrar o tigre. Mas
como eu estava com fome mudei de idéia e
comi os dois. (minhão, minhão)."

Hiena: aluno.
Sanguessuga: professor de francês.
Tigre: professora de matemática.

Acontece de a astúcia ser substituída por um jogo em que o Verbo, a Palavra simbólica serve de intermediário:

Un jour, le chat dit une phrase qui etait secrète « Oh, vous savez, je n'aime pas parler trop haut car il y a des oreilles. Je n'aime pas le lapin
Le perroquet entendit cela et repeta, alors le lapin qui etait là entendit le perroquet et alla voir le chat. quand celui-ci le vit, il avança et mangea le lapin.

Fin

"Um dia, o gato disse uma frase que era secreta
'Ó, sabe, Não gosto de falar muito alto porque
tem gente ouvindo. Não gosto do coelho
O papagaio escutou isso e repetiu, então o coelho que
estava lá escutou o papagaio e foi ver o gato,
quando este o viu, avançou e comeu o coelho.
Fim"

Coelho anão (resposta dada no questionário): aluna.
Papagaio: professora de francês.
Gato: professor de matemática.

A narração mais dramática e mais pesada no plano emocional apresenta-se como uma visão de pesadelo, de terror noturno, em que todos os medos se liberam assumindo um tom épico.

Un jour, dans une forêt il y avait un dragon méchant-
il tuait tous les animaux qui passait, puis les faisait cuir
dans sa caverne dans un volcan- je (moi la panthère,) les vis prendre une pauvre
brebis ce qui me révolta- Je ~~l'attaqua~~ voulais l'attaquer-
J'allais sur le chemin de sa cachette quand il revenait avec un otage:
c'était un pauvre chien- Perché sur une branche, je bondissait je l'attaqua
malgré le feu qu'il sortait de sa bouche. je bondissait de tous côtés
sans répit, il essayait de me bruler et de me tuer avec griffe. Le chien
était attaché, essayant en vain de se détacher, je vins le délivrer puis
d'un énorme bond j'attaquas le dragon, griffes sortis-
je lui déchira son épaisse peau qui lui servait de cuirasse-
puis je lui creva les yeux, je lui coupa les ongles emmena dans de l'eau, il
ne pouvait cracher son feu, je l'attaquais avec rage, il perdait son sang-
il mourut quelques temps après-
il abandonnait, j'avais gagner, je le transporta et le jeta dans son volcan.
je fis exploser son repaire et accompagnu, le pauvre chien, touffe, dans la
grande jungle-

"Um dia, numa floresta havia um dragão mau —
ele matava todos os animais que passavam, depois os cozinhava
na sua caverna num vulcão. Eu, a pantera, o vi pegar uma pobre
ovelha o que me revoltou. Eu queria atacá-lo.
Eu estava indo para o seu esconderijo quando ele chegou com uma presa:
era um coitado dum cachorro. Empoleirado num galho, dei um salto e o ataquei
apesar do fogo que ele botava pela boca. eu pulava pra cá e pra lá
sem parar, ele tentava me queimar e me matar com a garra. O cachorro
estava preso, tentando se soltar, eu fui soltá-lo e depois

com um pulo enorme ataquei o dragão, com todas as minhas garras.
Rasguei a pele grossa dele que servia de couraça —
depois furei-lhe os olhos, cortei-lhe as unhas, joguei água, ele
não podia mais cuspir fogo, eu atacava com fúria, ele perdia sangue —
morreu logo depois —
ele desistiu, eu tinha ganho, eu o carreguei e joguei no seu vulcão
fiz explodir seu esconderijo e levei, o pobre cachorro, apavorado, para
a grande selva."

Pantera: aluno.
Cachorro: professor de francês.
Dragão: professora de matemática.

A professora de matemática aparece sob a forma de dragão, que combina em si todos os arquétipos do animal, da noite e da água. Animal do fogo e do trovão, animal do mar e da água em fúria, animal que vive à noite, ela sopra e cospe — equivalências do próprio ato sexual — e ataca a inocência feminina, a ovelha, para satisfazer seu apetite de devoração. Encontra-se aí uma reminiscência do mito do dragão que devora uma virgem.

Nesse texto, como em muitas narrações, o aluno enfrenta o adversário e vence. Além disso, ele salva alguém. É o herói que restabelece a ordem e a justiça. Seja ou não por influência de enredos de livros, de histórias em quadrinhos ou de filmes em que o herói acaba vencendo, o aluno expressa assim seu desejo profundo.

Não se encontra nos textos recolhidos sinal de fatalidade de ação secretamente urdida por um destino implacável. A angústia se manifesta, porém, nos temas do aprisionamento (*a*) ou do refúgio que se busca (*b*), para escapar a uma ameaça, a um perigo.

a) Aprisionamento: tapar a chaminé, fechar todas as saídas para obrigar um animal (professora de matemática, sob a forma de uma vaca), a se entregar. Leão (aluno) capturado pelos homens e posto numa jaula. Cachorro (professor de matemática) levado pela carrocinha de cachorros porque tinha saído sem a coleira.

b) Refúgio: se enfiar num terreiro, esconder-se numa gruta; o peixe (aluno) se esconde numa planta no fundo do oceano para fugir do tubarão; a tartaruga (aluna) "entra no seu casco".

Mas é raro aparecer uma angústia oriunda do fato de o destino da personagem ser inelutável. Eis um exemplo em que o tempo funciona contra o herói:

> "Uma lebre (*aluno*), recém-chegada na floresta, era visada por um tigre (*professor de francês*) e por uma raposa (*professora de matemática*) esfomeados. Eles lhes armam mil ciladas mas a lebre sempre consegue se sair bem. Mas um dia, cansada ela acaba se deixando devorar pelos dois."

Com exceção desse texto, o elemento trágico que, em essência, provém do aniquilamento do ser pelo esforço que ele faz para se liberar de sua condição, está ausente. No texto seguinte, a aluna (gato) se sente alheia ao mundo escolar, e ela foge (elefante, professor de francês; macaco, professor de matemática). O aluno conserva sua liberdade e a exerce, apesar das armadilhas preparadas ou dos reveses momentâneos. Se às vezes se vê ameaçado ou aprisionado, não perde a esperança de escapar dessa condição.

Un jour un chat se promenait près d'un fleuve comme il le faisait chaque soir, il rêvait à une autre vie, alors il décida de partir à l'aventure. Il marcha longtemps, longtemps pour arriver en jungle. Là-bas il fut très surpris ce n'était pas du tout pareille que chez les hommes. Un singe se balançait au dessus de lui et lui dit :
- « Comme tu est bizarre tu n'est pas comme nous »
- « C'est tout a fait normale je suis un chat »
- « un chat ; mais il n'y a pas de chat en jungle »
Alors qu'il allait lui répondre un éléphant arriva et dit :
- « que tu est bête, tu n'est pas fait pour la jungle tu est fait pour la ville chat retourne chez toi et ne reviens plus jamais »
- « Mais je suis à peine arriver, le chat regarda autour de lui, vous avez peut être raison je retourne chez moi, Adieu! »
et le chat s'éloigna
- « Il a bien fait de partir ce pauvre chat, dit le singe, on voit tout de suite qu'il n'est pas du tout abitué à la jungle »

"Um dia um gato estava passeando perto de um rio como
costumava fazer cada noitinha, estava sonhando com uma outra vida, e
resolveu partir ao acaso. Andou por muito e muito tempo para

chegar à selva. Lá ele ficou muito admirado porque não era
nada parecido com o mundo dos homens. Um macaco se balançava lá no alto
e lhe disse:
lá no alto e lhe disse:
—'Como você é engraçado você não é como a gente.'
—'Claro eu sou um gato'
—'Um gato! mas não existe gato na selva'
Quando ele ia responder chegou um elefante e disse:
—'Como você é bobo, gato, você não foi feito para
a floresta, você foi feito para a cidade, vá para casa e não volte aqui nunca mais'
—'Mas eu mal acabei de chegar, o gato olhou em torno de si,
vocês devem estar certos, vou voltar para casa, Adeus!'
e o gato foi embora
—'O coitado do gato fez bem de ir embora, disse o macaco, a gente
vê logo que ele não está nada acostumado com a selva'''

É verdade que ele manifesta o medo de perder sua autonomia. No plano fantasmático, os professores se acertam para capturar o que ele tem de mais precioso:

Une pie volait dans un ciel azuré, tout à coup elle aperçoit
une pierre brillante elle veut se l'appropier mais c'est sur la tête
d'un âne comment faire, elle dit à un ours de foncer sur
l'âne pour le faire peur. Alors l'ours fait ce qu'elle a dit
et l'âne s'enfuyant laisse tomber la pierre et la pie
la prend.

''Uma pega voava num céu azul, de repente ela vê
uma pedra brilhante e quer pegar mas estava na cabeça
de um asno como fazer, ela disse para o urso correr para cima do
asno para dar medo nele. Então o urso faz o que ela disse
e o asno corre e deixa cair a pedra e a pega
a apanha.''

Asno: aluna.
Pega: professor de francês.
Urso: professor de matemática

Mas, mesmo se os professores querem comer os alunos, estes conseguem escapar:

"Um dia, o Senhor gato (*professor de matemática*) e Dona gata (*professora de francês*) começaram a morrer de fome. Eles se esconderam no bosque e esperaram. De repente passou um pássaro (*aluna*). Mas o pássaro tinha visto os dois. Ele pousou e esperou. O gato deu um pulo mas o pássaro ouviu barulho e fugiu. O pássaro deu risada do gato porque para pegar suas vítimas ele fazia muito barulho. A gata estava zangada porque ele não o pegou."

A atitude dos professores nem sempre parece ao aluno agressiva. No texto seguinte há uma tentativa de estabelecer contato de modo lúdico:

"O macaco (*professora de matemática*) estava passeando quando viu o cachorro (*aluno*). Ele queria brincar com o cachorro. Mas este não gostava de macacos e foi embora. Mas ele encontrou um gato (professora de francês) que, também, queria brincar com o cachorro. Mas o cachorro lhe deu uma patada e o gato foi embora."

Se existe um vínculo entre o aluno e seus professores, é apenas temporário, e o aluno se libertará assim que puder:

O pombo-correio (aluna) está ferido e é tratado pelo macaco (professor de francês) que mora com uma leoa (professora de matemática). "Uma semana depois o pombo conseguiu voar e no dia seguinte ao amanhecer, o pombo deu um adeus e voou para o céu."

No imaginário do aluno, a situação pedagógica, mesmo se é sentida como impositiva, não é fechada. No texto ilustrado que se segue, o aluno escapa das armadilhas, apoderando-se de um poder fálico (o cavalo) e adquirindo a força de fecundar. O hipopótamo não consegue engoli-lo porque o cavalo salta acima da água (o movimento e a água estando associados à ideia de fecundidade). O animal professor ameaçador se transforma em cegonha (símbolo de parto) e se dobra ao poder sexual do aluno.

Moi, le cheval fougueux, je saute la rivière et sur l'autre rive j'aperçoit l'affreuse chienne "R... "enragé et en dessus de moi, l'énorme hippopotame "Ro" Comment faire ?? heureusement, la "R... " enragée se transforme en cigogne et je peux alors continuer ma course

"Eu, o cavalo fogoso, eu salto o rio e na
outra margem vejo a horrível cadela 'R...' raivosa
e embaixo de mim, o enorme hipopótamo 'Ro'
O que fazer?? felizmente, a 'R...' raivosa se
transforma em cegonha e posso então continuar
minha corrida"

Cavalo: aluna.
Hipopótamo: professor de francês.
cegonha e *grande cadela raivosa*: professora de matemática.

II. Processo de compensação

Enquanto em algumas narrações a violência se solta, se desencadeia, em outras narrações, mesmo se ela fica subjacente, é integrada e adota uma tendência construtiva. Assiste-se a uma produção de situações em que se realiza o desejo. É uma liberação e uma volta às origens do prazer, ao passo que o princípio de realidade impõe uma submissão às regras de funcionamento da classe e impede a satisfação direta das pulsões. A satisfação provém da expressão do desejo de suprir, de contrabalançar a realidade vivida e as faltas experimentadas. Os tipos de compensação podem ser reagrupados em três pólos: desforra pela força e pelo poder, inversão da situação pela conquista do professor (sedução), sonho de entendimento idílico com um professor ou com os dois.

a) *Desforra pela força, pelo poder, pela invulnerabilidade.* — A personagem do aluno toma posse de uma força que o torna intrépido, invulnerável, porque o animal no qual ele se encarna é temível (leão ou leopardo, por exemplo).

Un beau matin de juillet, un oiseau aux ailes bleues et mauves se posa sur l'herbe encore humide par la rosée. Tout d'un coup la chatte surgit et alla sauter sur l'oiseau. La lionne surgit et lui sauta sur la chatte pour l'empêcher de tué l'oiseau. Une femme sortit de la maison et vit la lionne, elle cria de toute ses forces et s'enferma a double tour chez elle. La lionne tranquillement partit de là avec l'oiseau, et on me la revit plus jamais depuis ce temps rôder dans le village.

"Numa bela manhã de julho, um pássaro de asas azuis e lilás pousou na relva ainda úmida de orvalho. De repente a gata apareceu e ia saltar em cima do pássaro. A leoa apareceu e saltou em cima da gata para não a deixar matar o pássaro. Uma mulher saía de casa e viu a leoa, ela gritou com todas as forças e se fechou à chave em casa. A leoa bem sossegada foi embora com o pássaro e nunca mais ninguém a viu rondar a aldeia.

Leoa: aluna.
Pássaro: professor de francês.
Gata: professora de matemática.

Assim a aluna consegue uma desforra na situação da narração, com referência à situação pedagógica: ela tem a iniciativa, separa os beligerantes, age sobre eles para impor-lhes sua vontade. Uma verdadeira inversão acontece: é o animal representante do professor que se aborrece, resmunga, é importunado pelo vizinho, é ferido, ao passo que o animal representante da aluna considera a situação com altivez e desapego, e depois intervém para impor sua lei.

O aluno torna-se árbitro:

"Um cachorro chateado estava resmungando quando chegou um papagaio e se pôs a falar: o cachorro resmungou mais ainda. Então para amolar os dois chegou um leão que os separou."

Leão: aluno.
Papagaio: professora de francês.
Cachorro: professor de matemática.

Un jour, un poisson qui mangeait tran-
quillement vit un cochon près des sa
rivière, il lui dit:
« Hé, dis donc toi, éloigne toi, tu
empeste ma rivière
— Non, je suis très bien ici
— Tant pis pour toi, et il appela. Oh eh
mon chien. Un berger allemand accourut
et fit partir le cochon qui s'enfuit à
toute jambe. Le poisson remerçia le
chien et s'en alla.

"Um dia, um peixe que estava comendo bem sossegado
viu um porco perto do seu
rio, e lhe disse:
'Ê, você aí, dá o fora, você está empestando o meu rio
— Não vou, estou muito bem aqui
— Azar seu, e ele chamou. Oi, vem cá
meu cachorro. Um pastor-alemão chegou
e afugentou o porco que fugiu
correndo. O peixe agradeceu ao
cachorro e foi embora."

Pastor-alemão: aluno.
Peixe: professora de francês.
Porco: professor de matemática.

No texto seguinte, o árbitro transforma-se em justiceiro, com um adversário que fica à sua altura, porque a raposa se transforma em loba.

"Um dia, um carneiro (*professor de matemática*) que tinha se extraviado do rebanho encontrou uma raposa (*professora de francês*) que lhe disse: 'Bom-dia, carneiro, vamos ser amigos?' O carneiro disse: 'Não tente me enrolar porque eu sou o carneiro mais forte do rebanho.' Mas como o carneiro ficou tão contente de ter dito isso que chegou a fechar os olhos, a loba pulou em cima dele. Houve uma luta feroz e de repente um pâstor-alemão (*aluno*) chega e diz: 'Loba, deixe esse carneiro em paz e venha lutar comigo.' Depois de 5 minutos de luta, a loba estava fora de combate e fugiu correndo, e nunca mais voltou. E é por isso que o pastor-alemão é considerado um ótimo cão de guarda."

Ora ele é o justiceiro, ora é o salvador, muitas vezes com a ajuda de um animal que representa um professor.

Le lion se promène dans la forêt avec son compère le chat.
A 20 pas d'où ils sont un fermière battait un agneau. Nos
2 compére entendirent les gémisement de l'agneau et ils
accoururent, Le lion poussa la fermière (car il n'
aimait pas qu'on bat les annimaux) le chat délivra
l'agneau et tous les trois partent dans la forêt

"O leão passeia na floresta com seu compadre gato.
A 20 passos de onde eles estão uma lavradora batia num cordeiro. Os
2 compadres ouviram os gemidos do cordeiro e
correram. O leão empurrou a lavradora (porque ele não
gostava de quem bate nos animais), o gato soltou
o cordeiro e os três partem para a floresta."

Leão: aluno.
Gato: professor de francês.
Cordeiro: professora de matemática.

Un jour, un chien se promenait, un beau matin d'été, dans
une forêt. Tout à coup, il entendait des feuillages bougés
et des petits hurlement.

C'était une biche qui était tomber dans ces maudits pièges.
Tout de suite, le chien essaya de la délivrer, il y arriva avec bien du mal.
La patte de la biche saignait, alors le chien entreprit de l'emmener chez le docteur.
Le péroquet était le docteur et il fût tout son possible pour pouvoir sauver cette malheureuse petite biche.
Quelques jours, plus tard, la biche alla très bien et elle remercia le chien et le péroquet de lui avoir sauver la vie.

Fin

"Um dia, um cachorro estava passeando, por uma bela manhã de verão, numa floresta. De repente, ele ouviu um barulho de folhagens e pequenos uivos.
Era uma corça que havia caído numa dessas malditas arapucas.
Imediatamente, o cachorro procurou soltá-la, e conseguiu com muita dificuldade.
A pata da corça estava sangrando, então o cachorro decidiu levá-la ao médico.
O papagaio era o médico e fez todo o possível para salvar a coitadinha da corça.
Alguns dias mais tarde, a corça ficou curada e agradeceu ao cachorro e ao papagaio por lhe terem salvado a vida.

Fim"

Cachorro: aluna.
Corça: professora de francês.
Papagaio: professor de matemática.

Essa posição de superioridade permite dizer insultos:

"Raio de papagaio velho, vá se foder" (*aluno dirigindo-se à professora de francês*).

Em tal situação, o professor é vítima de um engano e cai na esparrela:

A tartaruga (aluna), que entra na carapaça parece para o papagaio (professora de francês) "um ovo de Páscoa muito grande".

O professor é ridicularizado e sai sem jeito da situação, porque se o animal-aluno não tem força, ele possui a flexibilidade e a vivacidade que lhe permitem fugir.

> "A gata (*professora de francês*) estava com fome, ela vê no chão um passarinho ciscando (*aluna*). Ela pula em cima dele mas o pássaro voa no ar."

Un jour, Monsieur le chat et Madame la chatte commencèrent
a maurrir de faim Ils se cahèrent dans la buisson
et attendèrent. Tout à coup, un oiseau passa
Mais l'oiseau les avait vus. Il se pasa et attenda
Le chat bondit mais l'oiseau ottendit du bruit et se sauva
l'oiseau rigola du chat car pour attraper ses
proies il faisait bien du bruit. La chatte était fachée
car il ne l'avait pas attrapé.

"Um dia, o Senhor gato e Dona gata começaram
a morrer de fome. Eles se esconderam no bosque
e esperaram. De repente, passou um pássaro
Mas o pássaro tinha visto os dois. Ele pousou e esperou
O gato deu um pulo mas o pássaro ouviu barulho e fugiu
O pássaro deu risadas do gato porque para pegar suas
vítimas ele fazia muito barulho. A gata estava zangada
porque ele não o pegou."

Pássaro: aluna.
Gato: professora de francês (observar a inversão de sexo dos animais e dos professores).
Gata: professor de matemática (*idem*).

b) *Inversão da situação pela conquista do professor (sedução e união)*. — A sedução do professor pelo aluno pode dar-se de diversas maneiras, desde a brutalidade mercenária até o refinamento da abordagem.

un jour une crocodile se promenait dans son marécage.
vint à passer passer le léopard, il vit dame crocodile en
train de faire sa toilette, et dame crocodile voudriez vous
avoir de beau Rabits en dentelle «oh oui mais comment cela».
en attaquant une banque avec le caméléon».

Vint le jour de l'attaque, le caméléon entra dans la banque,
quelques personnes s'évanouirent, la police tirait dessus mais
les balles rebondissait, les pistolets étaient déchargés,
le léopard et la crocodile entrèrent là tous le monde s'évanou-
irent, le crocodile prit l'argent, dans sa gueule et ils partirent.

"Um dia uma crocodila estava passeando no pântano.
passou o leopardo, ele viu dona crocodila
se arrumando, ei, dona crocodila a senhora
quer ter umas roupas bonitas de renda 'quero sim, mas como'.
assaltando um banco com o camaleão'.
chegou o dia do assalto, o camaleão entrou no banco,
algumas pessoas desmaiaram, a polícia atirava mas
as balas ricocheteavam, as pistolas estavam descarregadas,
o leopardo e a crocodila entraram lá todo mundo desmaiou,
a crocodila pegou o dinheiro, na goela e foram embora."

Leopardo: aluno.
Crocodila: professora de francês.
Camaleão: professor de matemática.

A estratégia de sedução consiste em utilizar seu conhecimento do outro para consquistá-lo e apossar-se dele:

Il était une fois un taureau qui rencontra
une vache qui était très méchante. Quand
un jour, une chatte entra dans l'étable
et il y avait un taureau et une vache.
Aussitôt que le taureau vit la chatte il
eut l'envie de foncer dedans mais elle
était très maline et elle alla le voir.
Alors le taureau trouva cette chatte très
agréable. Mais il y avait cette vache
qui n'arrêtait pas de ruminée de l'herbe
et du foin.

"Era uma vez um touro que encontrou
uma vaca que era muito má. Quando
um dia, uma gata entrou no estábulo
e havia um touro e uma vaca.
Assim que o touro viu a gata ele
ficou com vontade de atacar mas ela
era muito esperta e foi falar com ele.
Então o touro achou a gata muito
simpática. Mas havia a vaca
que não parava de ruminar capim
e feno."

Gata: aluna.
Vaca: professora de francês.
Touro: professor de matemática.

Nota-se aqui que, depois que se opera a sedução, a união não pode ir mais longe. O interdito sexual é representado pela vaca, que é um obstáculo por sua presença, uma rival afastada mas que continua a vigiar.

A ação que a aluna empreende para seduzir um professor pode ser dificultada pelo outro professor, possível rival.

> "A coruja (*professora de matemática*), de noite, vigia os arredores e faz uuu! uuu! para assustar as pessoas. O coelho (*representando o professor de francês*) tem medo mas assim mesmo vai passear. Como ele conhece a coruja, não tem medo, a prova é que eles conversam; mas quando o gato (*aluna*) os vê na noite escura ciumenta solta o seu grito apavorante o gato foge e o coelho fica aborrecido."

c) *Sonho de entendimento idílico com um professor ou com os dois*:

> "O leão (*aluna*) encontrou um cachorro (*professor de matemática*). Ficaram amigos. Quando passeavam encontraram uma ratinha (*professora de francês*), muito viva e alegre. Os três tornaram-se amigos inseparáveis."

Criar, no plano do imaginário, laços afetivos com os professores é um meio para o aluno de lutar contra sua ansiedade na situação pedagógica. O tema do animal-aluno abandonado, depois recolhido pelos animais representando os professores, aparece como idealização da relação pedagógica, na qual um entendimento perfeito entre mestre e aluno se dá desde o início numa atmosfera familiar, ou se realiza depois de um episódio difícil.

Il était une fois un cheval et une chèvre. Ils étaient tout les deux amis. Un jours il trouvèrent ~~dans~~ sur la route un petit chien abandonné. Alors ils devinrent tous amis. Tous les trois partir à leurs maison

"Era uma vez um cavalo e uma cabra. Os dois eram amigos. Um dia eles encontraram na estrada um cachorrinho abandonado. Então eles todos ficaram amigos. Todos os três foram para casa."

Cachorro: aluno.
Cabra: professora de francês.
Cavalo: professor de matemática.

No texto A, o par de professores se forma de modo parental.

Entretanto, o sonho de um entendimento a três, quando há uma aluna (cachorro), e os professores são homens (professor de francês, macaco; professor de matemática, tigre), pode acarretar dificuldades (texto B).

Texto A

Le petit chat c'est moi je suis abandonné dans la forêt par ma mère qui parait féroce. Le gorille me trouve, ~~voudra~~ me saisi et se ~~la~~ lèche les babines. A ce moment la chienne court, griffes sortit, saute sur le gorille. Le gorille me pose alors à terre. La chienne lui fait comprendre par son langage que je suis mignone et qu'il faut me laisser vivre. La chienne qui est douce affectueuse me prend et me garde. Elle m'élève et le gorille. Alors quand je grandis je les aime beaucoup.

"o gatinho sou eu estou abandonado na floresta
por minha mãe que parece feroz. O gorila me
acha, me pega e lambe os beiços.
Nesse momento a cachorra corre, com as garras de fora,
pula no gorila. O gorila então me põe
no chão. A cachorra lhe faz entender
com sua linguagem que sou bonita e que é preciso
me deixar viver. A cachorra que é doce carinhosa
me pega e me guarda. Ela me cria e o
gorila. Então quando eu cresço eu os amo
muito."

Gatinho: aluna.
Gorila: professor de francês.
Cachorra: professora de matemática.

Texto B

Il était une fois un chien qui avait un ami. C'était un tigre. Un jour, vînt un singe qui leur demanda s'il pouvait venir avec eux. Ils acceptèrent. Le singe fût si content qu'il cassa tout ce qu'il y avait dans la maison. Le chien et le tigre fûrent mécontent et le chassèrent. Mais le singe voulait rester et il leur dit:

* - Je ne recommencerais c'est promit.

- Dacord, mais je te préviens que si tu recommences tu seras chassés de la maison, lui répondit le tigre.

Puis il ouvrit la porte et le singe entra.

Plusieurs jours se passèrent et le singe resta tranquille. Mais un beau jour que tous les trois étaient partis en promenade il grimpa dans un ~~arbre~~ cocotier, et prit une noix de coco et le jeta sur le chien qui fut assomé. Le tigre voyant cela grimpa à l'arbre pour attraper le singe et lui donner une correction. Puis il lui dit:

Maintenant tu es chassé de la maison, tu n'as plus intérêt de remettre les pieds ici, sinon tu seras encore chassé.

"Era uma vez um cachorro que tinha um amigo. Era um tigre. Um dia, veio um macaco que lhes perguntou se podia vir com eles.
Eles aceitaram. O macaco ficou tão contente que quebrou tudo o que havia na casa. O cachorro e o tigre ficaram zangados e o mandaram embora. Mas o macaco queria ficar e disse:
'— Prometo que não faço isso nunca mais.
— Está bem, mas fique sabendo que se acontecer de novo você vai embora, respondeu o tigre.
Aí ele abriu a porta e o macaco entrou.
Vários dias se passaram e o macaco ficou quieto. Mas um belo dia em que os três saíram para passear, ele trepou num coqueiro, pegou um coco e jogou no cachorro que ficou machucado. O tigre ao ver isso trepou na árvore para pegar o macaco e lhe dar um castigo.
Depois ele disse:
Agora você vai embora daqui, não volte mais que eu mando você de novo embora."

Para analisar esses textos, pode-se recorrer às teorias de Melanie Klein. Ela vê o papel defensivo da idealização e situa o processo de idealização como derivado da angústia de perseguição e como meio de se defender dessa angústia. A idealização é uma defesa contra as pulsões destruidoras, assim como a desvalorização do objeto.

Em outras narrações, a idealização de uma amizade está ligada a um ato agressivo em relação ao terceiro parceiro: a amizade rompida por causa da intrusão do outro professor é restabelecida ao se assimilar o outro, numa espécie de comunhão, em que comer junto dá a possibilidade de regeneração.

Il était une fois un chien et un chat qui s'entendait a merveille. Oh, il ~~avaient bi~~ leur arrivait bien, quelquefois de se quereller un peu, mais cela n'allait jamais bien loin.
Mais voilà qu'un jour, une poule prétencieuse, mais prétencieuse arriva a la basse cour. Depuis qu'elle était là, elle n'arrêtait pas d'embêter le chien et le chat. Même qu'à force, un jour, le chien et le chat eurent une belle bagarre ensemble, pour la première fois de leur vie. Alors, ils décidèrent de manger la poule. Le chat qui était rapide la captura et le chien la tua. Puis ensemble, il firent le meilleur festin de leur vie.

FIN

"Era uma vez um cachorro e um gato que
se entendiam às mil maravilhas. Bem, às vezes
eles brigavam um
pouco, mas não era nada sério.
Mas um dia, uma galinha pretensiosa,
mas pretensiosa chegou no galinheiro. Desde
que ela chegou, não parou de amolar
o cachorro e o gato. A tal ponto que, um
dia, o cachorro e o gato tiveram uma
briga de fato, pela primeira vez na
vida. Então, resolveram comer a galinha.
O gato que era rápido a pegou e
o cachorro a matou. Depois juntos, fizeram
o melhor festim da vida deles.

FIM"

Gato: aluno.
Cachorro: professor de francês
Galinha: professor de matemática.

O sonho de entendimento às vezes parece impossível:

Un jour alors que le Cheval sauvage galopait dans une grande prairie, il vit un étrange spectacle Sur le petit chemin rocailleux qui menait au village, deux animaux étranges avançait tristement Le Cheval sauvage qui était seul, et s'ennuyait, avait souvent été à la recherche d'amis, et il se dit que ~~pe~~ peut être il pourrait faire de ~~s~~ ces deux animaux ses meilleurs amis, alors il s'avançat vers les ~~an~~ deux animaux. Après une longue discution entre le cheval, le pan et le singe, (car ces deux animaux étaient un singe et un pan), le Cheval ~~au galop~~ retourna au galop dans sa prairie, durant cet conversation le cheval avait appris que le pan était trop fier, et le singe trop turbulant et qui voulait à tout prix faire des bêtises Alors le Cheval partit à la recherche d'amis et bientôt il en trouvat, ils devinrent les ~~meille~~ meilleurs amis de la terre.

Fin.

"Um dia quando o Cavalo selvagem galopava num grande prado, ele viu um espetáculo estranho. Na estradinha pedregosa que levava à aldeia, dois animais estranhos seguiam tristemente O Cavalo selvagem que

estava sozinho, e se aborrecia, tinha muitas vezes
procurado amigos, e pensou que talvez
pudesse fazer desses dois animais
seus melhores amigos, então adiantou-se em direção dos
dois animais. Depois de longa discussão entre
o cavalo, o pavão e o macaco, (porque os dois
animais eram um macaco e um pavão), o Cavalo
voltou a galope para o seu prado, durante
a conversa o cavalo percebeu que o
pavão era muito vaidoso, e o macaco muito turbulento
e queria fazer só bobagens. Então
o Cavalo partiu em busca de amigos e logo
encontrou, tornaram-se os melhores amigos
da terra.

Fim."

Cavalo selvagem: aluna.
Macaco: professora de francês.
Pavão: professora de matemática.

A combinação dos dois tipos de compensação aparece na narração seguinte em que o sonho de amizade com um professor coincide com o sonho de uma força, de uma habilidade ou de uma astúcia, para vir em socorro do fraco que se encontra em situação difícil, aqui diante de uma víbora, que é o símbolo do ser que deve ser esmagado.

Un matin je me promène, dans le pré. Je rentre dans le bois,
j'aperçois un petit chat qui se promène je lui dit:
<< Bonjour ami, qui est tu ?>> Il repond:
<< Je suis minou le chat, de la ferme >>. Je repondit:
<< Viens nous allons nous promener tous les deux ensemble.
Puis Minou coure en avant, je le vois disparaître.
Et J'entends un petit miaulement egorgé.
Je cours en avant et je vois le chat etaler a terre,
puis il se relève poure repartir attaquer la vipère.

Alors je coure aussi vite que je peux et d'un coup de sabot je donne un grand coup à la vipère. Je vois la tête arrache', et minou vient me remercier en me lechant. Puis on continue notre coute en ne pensant plus a cette aventure et en laissant derrière nous une viperè à moitie' mangé par les fourmis et les insectes.

''Uma manhã, estou passeando, no prado. Entro no bosque,
vejo um gatinho que está passeando e lhe digo:
'Bom-dia meu amigo, Quem é você?' Ele responde:
'Sou bichano o gato, da fazenda'. Eu respondi:
'Venha vamos passear juntos.
Depois Bichano sai correndo, e vejo ele desaparecer.
E escuto um miado afogado —
Corro depressa e vejo o gato estendido no chão,
depois ele se levanta para ir atacar a víbora.
Então eu corro quanto posso e dou um coice forte
na víbora. Vejo a
cabeça arrancada, e Bichano vem me agradecer dando uma lambida.
Depois continuamos nossa corrida sem pensar mais no caso
e deixando para trás uma víbora já comida
pelas formigas e pelos insetos.''

Cavalo: aluna.
Gato: professora de francês.
Víbora: professora de matemática.

Enquanto todo desejo leva à satisfação, mas é sempre insatisfeito, e faz com que o desejo satisfeito em certo momento leve a outra coisa, nestes textos a compensação da falta realiza-se imediatamente no imaginário. Não é a busca de saciar o desejo, é a expressão do desejo.

capítulo X

A relação pedagógica para o aluno: apelos e temores

É costume enfatizar a natureza conflituosa da relação pedagógica. Mas talvez não se tenham analisado devidamente a origem e o sentido do conflito. Certamente foi evocada a posição dominante do mestre, o poder que ele detém graças ao saber. De fato, o conflito nasce e se desenvolve quando um dos parceiros tem medo de perder sua autonomia e de ver atacado seu Eu. Ser despojado de um poder é apenas um dos aspectos.

No que se refere à criança, é o futuro de seu Eu que está em jogo. A criança sabe que só pode progredir lutando, consigo e com os outros, para encontrar novas formas de adaptação. A impressão de desequilíbrio, o sentimento de inquietação que ela experimenta levam-na à busca da definição de si. É mais verdadeiro ainda em relação ao adolescente que se interroga sobre sua identidade e cujo Eu procede a uma hierarquização das funções e dos modos de defesa. O professor é uma das figuras de identificação, um dos pólos de investimento afetivo. Além disso, pelo conhecimento, pelo domínio das operações intelectuais, ele permite aceder a um estado de independência. Compreende-se então a ambivalência fundamental da relação pedagógica tal como é vivida pelo aluno: o professor é aquele que fornece ajuda, apoio, e é também portador de perigos, quando é percebido como alguém que invade o seu Eu ou que dificulta seus projetos.

A análise das situações faz surgir esses aspectos contraditórios. Mesmo se as situações de conflito-agressão predominam no plano estatístico, as situações não conflituosas são inúmeras. Ao estudar cada história, encontra-se quase sempre a coexistência de conflito com um professor e de colaboração com o outro. Às vezes, numa mesma classe, os mesmos professores são objeto de conflitos ou de colaboração. Felizmente constata-se que existem relações pedagógicas que funcionam de modo positivo.

1. Apelo a um apoio no desenvolvimento do Eu

A criança, o *pré-adolescente*, tem uma necessidade fundamental de proteção, de sustentação, no desenvolvimento de seu Eu. Procura apoio junto dos professores, não apenas porque os percebe como figuras parentais diferentes, mas também porque sente a importância do conhecimento em sua organização física, o papel construtivo, estruturante do funcionamento intelectual.

A noção de *sustentação* até recentemente foi mais usada no domínio afetivo que no domínio cognitivo. Sem entrar numa análise minuciosa do conceito de sustentação em S. Freud, conceito que evoluiu junto com sua obra, pode-se observar que ele remete à função da mãe na proteção da unidade do Eu da criança e na aquisição de uma primeira segurança. "A sustentação materna é a sustentação do Eu total, no qual se apóiam por sua vez todas as ulteriores diferenciações pulsionais", escreve a esse respeito J. Guillaumin (1978). Analisando os textos de Freud, R. Kaes (1984) encontra três dimensões no conceito: apoio numa base, modelo, retomada transformadora e derivação. Para ele, o processo constitutivo do psiquismo humano resulta do desamparo original, da angústia social e da necessidade de sustentações, para a passagem de uma ordem para outra e retomada de uma ordem por outra.

A sustentação é o suporte do ideal do Eu. A identificação com o professor se opera com um trabalho de idealização. Quando o aluno se identifica com um traço comportamental de seu professor, ele mantém um certo recuo. Não é o caso quando o aluno está apaixonado pelo professor, porque então ele fusiona com o outro e é sensível à rivalidade, ao ciúme, à depressão quando se sente posto de lado. Na escola, o processo de identificação raramente é de tipo fusional e não impede a autonomia do aluno na construção de si.

No domínio cognitivo, o conceito de sustentação surgiu, sobretudo quando é evocada a ação de tutela, por estimulação e sustentação, exercida pelo adulto na aquisição de linguagem ou do *savoir-faire* na criança (J. S. Bruner, 1984).

A situação escolar fornece ao aluno a possibilidade de se testar no contato com os outros e com o conhecimento, na construção de seu Eu. O movimento de crescimento se dá com aberturas e com fechamentos, segundo fases de consolidação e de desequilíbrio, quando os esteios têm falhas, por falta de adaptação às necessidades de um momento. Estruturas de apoio se instauram progressivamente, com crises. A experiência da perda, da falta de sustentação, é às vezes necessária para o progresso.

A proteção e o apoio que a criança solicita no início de sua escolaridade são sobretudo de natureza afetiva. Se sofre decepções, é porque seu pedido é desmedido: ter o professor só para ela. Um professor idealizado, tendo força e ternura. Um professor que ela acha que pode possuir, no plano imaginário, e que resiste. Desde a experiência da escola maternal, a criança percebe que ele está inserido num grupo e não é o parceiro privilegiado de uma relação dual. O pedido de apoio volta-se em seguida para os objetos de conhecimento: sentir-se sustentado na elaboração de seus instrumentos pessoais de investigação do conhecimento. A noção de modelo se amplia: modelo de identificação, modelo de domínio de um modo de ação sobre a realidade. No início, a criança acha que o queridinho do professor detém a chave do progresso. Depois, percebe que só o êxito escolar confere uma posição privilegiada aos olhos do docente. O universo escolar aparece-lhe então sob um ângulo funcional. O professor encarna a lei num grupo, reunido para aprendizagens, no qual se manifestam tanto a rivalidade quanto a cooperação.

O pedido de sustentação está sempre presente, mesmo se não se manifesta abertamente como apelo à ajuda. Cabe ao professor percebê-lo e clarificá-lo para intervir em função de cada aluno. No pré-adolescente e no adolescente, o pedido de apoio afetivo está sempre dissimulado por um pedido manifesto de apoio para a aprendizagem. Ao responder a esta estará respondendo àquela.

Se a criança sente reservas da parte do professor ou indiferença, ela mesma se distancia dele. Pode então preferir a liberdade, isto é, romper com quem deixou seus apelos sem resposta, quem a decepcionou. Transfere para outro ponto o seu desejo, com a possibilidade de uma dupla atitude na classe: ou se bloquear ou se expor, apresentando manifestações hostis. Como está em relação com vários professores, pode dirigir seu pedido para outro. Basta que um professor, dentre os que atuam naquela classe, assuma esse papel fundamental de apoio, de sustentação para determinada criança. Se o aluno, porém, não encontra seu investimento pessoal numa matéria nem o apoio do professor que a ensina, a decepção vai afetá-lo profundamente. Não é desamparo, é o sentimento angustiante de perda de um vínculo maior. Essa falta nem sempre tem efeitos nocivos, porque podem surgir novos investimentos, por deslocamento para uma outra matéria, sem abandono da matéria preferida. Se no ano seguinte o aluno encontrar apoio no professor desta matéria, a falta terá sido apenas provisória, e seu campo de investimento ficará ampliado.

A sustentação é mais necessária num momento do que em outros. Sobretudo depois de fases de ruptura, de vazio.

É a abertura para novos investimentos de objeto e a instauração de um funcionamento congnitivo que garantem o potencial de adaptação da pessoa. O professor fornece a sustentação quando se opera o crescimento do Eu. Ele é apenas um intermediário. A cultura terá depois o papel protetor.

A relação pedagógica funciona bem quando o próprio professor sente necessidade, para si, de uma forma de sustentação pelo aluno. Essa sustentação vem da convicção de que sua ação é eficaz, que ele está ajudando o aluno a construir-se. A reciprocidade é necessária. No imaginário da criança, constata-se a presença dessa sustentação mútua[1]. A afirmação de O. Mannoni: "O desejo de saber do aluno é paradoxalmente deslocado pelo desejo ambíguo do mestre de que o aluno saiba"[2] só tem sentido nas formas patológicas

[1] Basta ver nas narrações ações de socorro em proveito do professor: o animal-aluno vai socorrer o cordeiro (professora de matemática); o animal-aluna protege o animal professora de francês contra a professora de matemática etc.

[2] Octave Mannoni, 'Psychanalyse et enseignement', *Revue de Psychologie et Sciences de l'éducation* (1970), retomado em *Du commencement qui n'en finit pas*. Paris, Seuil [s/d].

em que o professor encara o conhecimento como alimento a guardar para si e não como alimento a transmitir, e nas quais ele simula que vai ajudar o aluno a chegar ao saber.

2. O conflito: aspectos fantasmáticos

Para o aluno, o professor é o representante simbólico de uma força que pode ser adquirida pelo domínio do próprio funcionamento intelectual e do próprio comportamento. Nota-se entretanto que os professores são rejeitados unanimemente pelos alunos de uma classe de 6º ano mais pela instabilidade comportamental do que pela suposta incompetência desses docentes (situação que evolui no decorrer da escolaridade no ensino secundário).

A *fantasmática do saber* foi objeto de inúmeros comentários em vários autores (cf. principalmente J. Barus, 1970; R. Kaes, 1973, 1976), com uma problemática psicanalítica inspirada sobretudo nas teorias de Melanie Klein. Para uma síntese, convidamos o leitor a consultar a terceira parte de nosso livro sobre a *relação educativa*. Encontramos a ilustração disso nos textos que analisamos.

No plano fantasmático, o saber permite o sonho de uma comunicação nutritiva com a mãe. O professor ou a professora corre o risco de ser a mãe arcaica, todo-poderosa, dando ou recusando o alimento. Os fantasmas funcionam ao modo de clivagem, de maneira complementar, nos parceiros (posse e destruição). Daí decorrem os fantasmas de fusão com o professor ou de devoração. Modelar-se de acordo com a imagem docente, tornar-se o mestre ao possuí-lo, tal é o processo imaginário. Para os alunos, possuir a professora não deveria causar culpabilidade, já que não se trata da mãe edipiana. Entretanto, constata-se que a angústia de castração é reavivada. O fantasma de incorporação é próximo do fantasma de devoração. As primeiras frustrações sofridas aumentam a voracidade e o sadismo oral: morder, cortar em pedaços, devorar. "Amar o outro consiste em abordá-lo e conservá-lo de modo imaginário", escreve D. Widlöcher (1973). Devorar, para conseguir a essência do outro, ser devorado, deixar-se absorver pelo outro são fantasmas que habitam tanto o professor quanto o aluno. O animal que devora faz desaparecer sua vítima e apossa-se de sua força vital, numa metamorfose pela passagem para a morte.

Esses fantasmas têm conseqüências que variam de acordo com os alunos. Alguns querem se mostrar com avidez de alimento e manifestam uma conduta ofensiva. Os outros têm uma conduta mais passiva e ficam na defensiva: sentem-se possuídos, modelados; em vez de absorver, têm medo de ser aborvidos.

Conquistar a força não se faz sem violência nem angústia. A violência conduz à destruição do objeto cobiçado. A própria violência da criança é projetada nos outros. Nas Alegorias Animais, a pulsão destruidora é transformada em um elemento que a representa e ao mesmo tempo a circunscreve: o animal. A pulsão[3], estado de tensão que precisa ter um ponto de apoio num objeto, se atualiza de maneira projetiva nos suportes animais de simbolismo aparente, e num contexto dinâmico. A representação figurada permite o deslocamento do conteúdo inconsciente, a projeção de uma parte do Eu da criança. O animal satisfaz uma necessidade narcísica, compensa uma ferida, reduz uma tensão: satisfação de uma pulsão, negação de uma realidade exterior (decepção, falta) ou interior (perseguição).

As estratégias relacionais no confronto dependem de posições e de papéis complementares, ativos e passivos. Freud teve a ocasião de analisar o par atividade-passividade em *Pulsions et destins des pulsions* (em *Métapsychologie*, Paris, Gallimard, 1968)*. Ele decompõe a vida de toda pulsão em vagas sucessivas que introduzem uma mudança; por exemplo, a inversão em passividade, que se acrescenta, com esse novo caráter, à anterior. Produz-se uma inte-

[3] Pulsão: "Processo dinâmico que consiste num impulso (carga energética, fator de motricidade) que faz com que o organismo tenda para um objetivo" (Laplanche-Pontalis, *Vocabulaire de la psychanalyse*, PUF. Ed. Bras.: *Vocabulário da Psicanálise*, Martins Fontes Ed., São Paulo, 1985. Ver também a definição proposta por Lagache em *Vocabulaire de la psychologie* (H. Piéron, PUF): "Modificação somática do organismo que o leva a procurar certos objetivos por meio de certos objetos."

* As pulsões e suas vicissitudes, *in* Artigos sobre Metapsicologia. E.S.B. Rio, Imago, 1980.

gração de vagas atividade-passividade. Três modalidades da representação de que fala Freud a respeito do sadismo e do masoquismo, do voyeurismo e do exibicionismo, existem. Uma forma ativa, representar; uma forma passiva, ser representado; uma forma reflexa, representar-se (fechamento auto-erótico).

Agir por sedução ou por agressão já são atos opostos. Seduzir-ser seduzido, agredir-ser agredido tornam-se formas complementares. O aluno, no plano do imaginário, quer seduzir seu professor, ou quer ser seduzido.

Seduzir é atrair para si, levar a afastar-se, para si. O contrário de impor. Operação de fascínio para garantir uma passagem sem sobressaltos, suave. O aluno reconhece os sinais de sedução, portadores do desejo do professor. Às vezes ele lhe atribui a sedução que ele próprio queria empreender. Às vezes desconhece seu próprio desejo de ser seduzido.

O tema da sedução aparece a propósito das professoras, como vimos na análise, duas vezes mais freqüente nos alunos do que nas alunas.

Pela *agressividade*, procura-se estabelecer uma diferença em relação ao outro de forma radical, brutal, a fim de preservar o próprio Eu, proteger sua inferioridade. Quando alguém não é reconhecido pelos meios relacionais costumeiros, coloca-se em relação ao outro procurando atacá-lo primeiro. Quer comer o outro para não ser comido. Sujeito ativo e objeto atacado formam uma configuração que supõe que um dos dois se perde no ataque, e que essa perda tenha uma repercussão na integridade do outro (R. Diatkine, 1984). D. Widlöcher (1973), evocando os fantasmas de agressão na criança, diz que a destruição do outro é necessária ao fantasma: "O outro é percebido como idêntico à sua própria imagem humilhada, aniquilada, no momento da frustração sentida como uma agressão."

A pessoa é agressiva por medo. A agressividade provoca angústia, resultante do que o outro pode fazer como resposta à agressão. As angústias de esfacelamento e de morte estão ligadas às imagos do pai castrador e da mãe devoradora. As análises freudianas da pré-adolescência aqui encontram exemplos. A angústia de castração é inspirada pela mãe fálica, nos meninos, que utilizam uma defesa homossexual: refugiar-se junto ao professor homem. O menino vive um conflito entre o medo e o desejo da mulher, o que o leva, no plano imaginário, a querer domar, explorar, humilhar a mulher fálica, imagem da mãe arcaica, mas também a se identificar com ela para aliviar a angústia de castração que ela inspira. Quanto à pré-adolescente, está no período em que ela se separa da mãe para se voltar para outras mulheres mais idosas do que ela, com o papel de amiga e de mãe. As professoras de matemática, em particular, são solicitadas nesse sentido, tanto mais que a disciplina matemática parece ter natureza fálica, no plano imaginário. Ora, a pré-adolescente tem uma sexualidade de natureza fálica.

Um jogo de proximidade e de distância regula a encenação concomitante das personagens e do desejo. O aluno é o protagonista. Se ele se atribui um papel central, quase sempre heróico, em situações que lhe são favoráveis, é sob o efeito de um mecanismo de defesa: seja para estabelecer a estima de si diminuída, seja para proteger-se contra uma ameaça interna, ligada às pulsões que o atormentam. Às vezes o aluno mantém um ou dois de seus professores à distância, para marcar a separação entre seu domínio pessoal e o deles. Quando um deles invade seu território e manifesta um movimento de dominação, ele responde com a agressão, às vezes com a ajuda do outro professor. Mas quase sempre o aluno sabe que a conquista de sua autonomia passa por uma assistência, por uma dependência provisória. A situação pedagógica é contraditória. Se o aluno aceita o jogo da reciprocidade, fica dependente dos outros; se procura ser autônomo, bastar-se a si mesmo, ele utiliza os outros e faz concessões. A prova proposta leva a criança, a esse respeito, a falar do instante presente. É a imagem do momento; ora, esse momento é o início de um futuro.

O presente é ao mesmo tempo o mundo de lutas e o sonho paradisíaco da harmonia natural. Vindo do desejo, o imaginário, ao expressar-se, suscita também o desejo: desejo da criação de um outro mundo onde as relações seriam diferentes, mundo utópico onde existiria a felicidade idílica. É a consciência de uma defasagem entre esse mundo e o mundo real que provoca rupturas, e até revoltas. O tema de um idílio sem imagens do aluno com um dos professores está presente em cerca de 10% das histórias e é mais freqüente em certas classes que em outras: o professor adota, cria a criança ("eu o criarei sozinho"), os professores e o aluno tornam-se amigos, reconciliam-se depois de peripécias, têm juntos uma nova vida. Será a transformação em renascimento do medo obscuro de uma morte? Ou, mais simplesmente, a aspiração à paz no universo escolar sempre dividido por rivalidades e conflitos? É também um meio de apropriar-se do professor e de guardá-lo para si.

O professor aparece como um ser enigmático, perturbador. A fantasmática nasce do que se ignora do outro e, por isso, de um vazio a ser preenchido. O outro não se revela, o que aumenta o desejo de desmascará-lo. Apropriar-se dele elimina o desvio pelo conhecimento.

Paradoxalmente, é ao submeter ao poder o professor, que o aluno quer e pode ser reconhecido, bem como adquirir a consciência do desenvolvimento de sua autonomia: ser reconhecido, reconhecer-se, apropriando-se do outro, o professor. Identificar-se com ele é o processo mais espontâneo. Possuí-lo é um processo mais imaginário. Também mais perigoso. Encontramos assim as explicações psicanalíticas da relação com o pai e da horda primitiva. A classe é o equivalente simbólico disso: os irmãos se associam para matar e comer o pai, a fim de tomar e alimentar-se de suas forças. Para J. Barus-Michel (1981), a problemática social é mais antropófoga do que incestuosa: recuperar sua própria imagem, regenerar-se pela absorção do semelhante; os critérios de diferença (cor, idade etc.) abrem o direito de comer, de torturar. Na classe, os alunos são rivais, ora aliados, ora beligerantes, para conseguirem afirmar-se aos olhos dos outros e aos próprios olhos.

Conclusão

A criança é colocada, pela prova das Alegorias Animais, numa situação em que ela comunica a outrem um fantasma consciente. Algumas vezes ela se limita à apresentação de uma situação e evita entregar-se ao leitor, ficando nos limites do razoável. As defesas pessoais agem. Escolhas e rejeições estão ligadas à imagem do Eu. Mas, na maioria das vezes, ela aproveita a oportunidade que lhe é oferecida para liberar seus fantasmas, com uma espécie de efervescência e de embriaguez. Na fronteira do inconsciente. O que então importa para o pesquisador ou para o clínico é captar o caráter próprio das encenações fantasmáticas, é detectar o investimento pessoal que a criança aí coloca. Porque suas pulsões se descarregam. E seus fantasmas se exteriorizam, se inflam de energia pelo modo de expressão oferecido, sob forma lúdica. A palavra permite o desvio.

Em suas produções, o aluno mostra o que deseja e o que teme. As posições das personagens, suas condutas, seus relacionamentos revelam seus motores pulsionais. Pouco importa então a quem é atribuído tal papel, porque aparecem formas complementares de papel, originárias da mesma fonte fantasmática. A violência para com a outra pessoa pode assumir a forma ativa (devorar), o retorno dessa violência sobre si mesmo reveste a forma passiva (ser devorado). Trata-se de analisar a natureza dos fantasmas em si mesmos, antes de ver a quem eles se referem. As forças internas da criança se expressam nos movimentos contrários ou ambivalentes.

A palavra oferecida pela prova das Alegorias Animais age como meio de evasão e convida o aluno a se colocar num outro registro, o de uma criação a partir de outro olhar, simultâneo, sobre a realidade. É a oportunidade de um outro encaminhamento no interior da situação educativa. Um mundo imaginário se constrói pela palavra e surge diante de si. Fica ao mesmo tempo em si e fora de si.

A criança usa a situação da prova das Alegorias Animais para se oferecer um teatro que lhe permite escapar ao face a face direto com os professores e com ela mesma; encontra um pretexto para deixar as personagens que a tocam de perto mover-se à vontade, agirem num espaço e num tempo indefinidos. A prova, pela descarga e pela transformação de uma pulsão em elemento que a representa (o animal) e que ao mesmo tempo a circunscreve, permite ao aluno soltar suas quimeras e, por isso, talvez exorcizá-las.

Uma crítica pode ser feita ao método: ele leva à emergência de exageros. São as expressões violentas, discordantes, que chamam a atenção por serem reveladoras de um subjacente que só aparece raramente, que só se desenvolve em casos extremos, mas certas constantes, que permitem detectar formas de equilíbrio ou de desequilíbrio no dinamismo do funcionamento inconsciente da relação pedagógica, revelam-se nas narrações. A prova faz surgir o que dificilmente será revelado na relação cotidiana, mas que rege de modo oculto o vivido da situação pedagógica. Os fantasmas se constroem, se destroem e, apesar de seu caráter efêmero, regem as reações profundas, porque são os harmônicos da relação que todo sujeito, em sua história, entretém com o ambiente social.

Procuramos destacar aqui as linhas principais, os regrupamentos significativos, as linhas dominantes de aparição de temas, para um conjunto de alunos. Mas toda inerpretação real só pode ser feita levando em conta o caso de cada criança diante da situação pedagógica. O imaginário só pode ser decifrado em referência a quem o encena. É preciso distinguir a origem das forças nas experiências infantis, descobrir-lhes os recursos, os deslocamentos, as transformações, determinar as funções desempenhadas pelas imagens na dinâmica interna da criança, em seu universo próprio.

De modo geral, é impossível reduzir os mecanismos da relação pedagógica vivida no plano imaginário, a esquemas simplificados em que seriam privilegiados, por exemplo, o mecanismo de sedução ou do desejo na apropriação do saber. As análises mostram uma diversidade de processos, ligados ao sexo do aluno, do professor, e à matéria ensinada. Deslocamentos pulsionais se dão dependentes de o aluno se encontrar diante de professores de sexo igual ou diferente do seu, e dependentes de a disciplina ser o francês ou a matemática. Por exemplo, se dois homens ensinam matemática e francês, a aluna é mais sujeita à sedução e o aluno entra mais em conflito. Se são duas mulheres, a aluna vive a situação de forma menos conflituosa, mas o aluno fica na ambigüidade de seu papel. Se for o caso de um par professor-professora, e se a matemática tem uma professora, o aluno manifesta inconscientemente uma reserva em ver a disciplina matemática encarnada por uma mulher, e reage pela agressão ou pela sedução, ao passo que a aluna tenta a associação. Mas se há um professor de matemática, a aluna se coloca como agressora diante da professora de francês.

Quando o aluno escolhe para si um animal que lhe permite uma desforra na situação, uma inversão das posições e dos papéis, é para livrar-se do domínio do poder simbólico atribuído a certos professores, como o de matemática, seja desafiando o dragão, com quem será preciso lutar, seja fazendo-lhe agrados. O dragão, por exemplo, é um arquétipo, uma imagem inconsciente, concentrando as forças emocionais e energéticas que lhe estão ligadas. Ao objeto simbólico estão ligados sentidos diferentes.

Quando evocamos a polaridade feminina dos fantasmas relativa ao francês, e a masculina, relativa à matemática, não é para descrever de maneira tipológica essas matérias e os papéis comportamentais respectivos, mas é para indicar os papéis a partir dos quais se desencadeiam forças e se operam deslocamentos de pulsões. A resultante, em imagens e em ações, surge do encontro desses antagonismos e da paixão num sentido privilegiado.

Na relação professor-aluno, o conflito é inevitável. É até graças a ele que o aluno chega a certas renúncias e a escolhas. Mas o progresso não é apenas de ordem racional. Supõe uma marcha íntima, desistências, conquistas, bem como deslocamentos e novos investimentos, e comporta angústias nos momentos de passagem.

A criança, o pré-adolescente, vive o momento presente como episódio de um trajeto em que ela constrói secretamente seu Eu. Quando forças nefastas interferem, ela procura usá-las em proveito próprio, para uma metamorfose. Gostaria que o professor fosse um piloto para ajudá-lo a transpor um cabo. Mas, embora precisando de um farol, traça livremente seu caminho.

Bibliografia

Algozzine, R., Attractiveness as a biasing factor, in *Teacher-pupil interactives*, tese de doutorado não-publicada. The Pennsylvania State University, 1975.

Anderson, H. H., Brewer, H. E., *Studies of teachers classroom personalities: Effects of teachers dominative and socially integrative contacts on children's classroom behavior* (Applied Psychology Monographs, 1946, n. 8).

Anzieu, Didier, *Les méthodes projectives*, col. "*Le Psychologue*", Presses Universitaires de France, 4a. ed., 1973, 320 pp.

Bachelard, Gaston, *La poétique de la rêverie*, col. "Bibliothèque de Philosophie Contemporaine", Paris, Presses Universitaires de France, 1960, 188 pp. [Ed. bras.: *A poética do devaneio*. Martins Fontes, São Paulo, 1988.]

Backes-Thomas, Madeleine, *Test des Trois personnages*, Neuchâtel, Delachaux & Niestlé, 1969.

Baïetto, Marie-Claude, *Le désir d'enseigner*, col. "Science de l'Education", Ed. ESF, 1982, 168 pp.

Baurus-Michel, Jacqueline, Les relations du pouvoir, *Bulletin de Psychologie* n. 349, 1981, pp. 271-278.

Bellemin-Noël, Jean, *Les contes et leurs fantasmes*, col. "Ecriture", Paris, Presses Universitaires de France, 1983, 186 pp.

Bettelheim (Bruno), *Psychanalyse des contes de fées*, trad. de Théo Carlier, col. "Pluriel", Paris, Robert Laffont, 1976, 512 pp. [Ed. bras.: *Psicanálise dos contos de fada*, trad. de Arlene Caetano, Rio, Paz e Terra, 1979; 8a. ed., 1990.]

Blos, Peter, *Les adolescents*, trad. de P. Truffert e F. Gantherer, Paris, Stock, 1967, 282 pp.

Bon, N., Si tu étais un animal..., *Bulletin de Psychologie*, n. 352, 1981, pp. 860-868.

Bon, N., Feard, S., Gueguen, R., La structure des réponses dans le test du Bestiaire de Zazzo, *Bulletin de Psychologie*, t. XXXVI, n. 362, setembro-outubro 1983, pp. 903-913.

Bour, P., Le test des affinités animales (TAA), *Annales médico-psychologiques*, t. 2, n. 5, dezembro 1971, pp. 641-672.

Brelet, Françoise, *Le TAT, fantasme et situation projective: narcissisme, fonctionnement limite, dépression*, Paris, Dunod, 1986, 188 pp.

Bruner, Jérôme S., Contexte and formats, in Moscato, Piéraut-Le Bonniec G., org., *Le langage, construction et actualisation*, Presses Universitaires de Rouen, 1984.

Cartron-Guérin, A., Lévy, P., Réussite scolaire et représentation du futur chez les préadolescents: étendue, nature et optimisme des projets d'avenir, *Bulletin de Psychologie*, n. 33, 1980, pp. 747-753.

Chateau, Jean, *Le réel et l'imaginaire dans le jeu de l'enfant*, Paris, Vrin, 1946.

Cifali, Mireille, Moll, Jeanne, *Pédagogie et psychanalyse*, préface de J.-C. Filloux, col. "Sciences de l'éducation", Paris, Dunod, 1985, 250 pp.

Corman, Louis, *Test PN. Une dynamique nouvelle de la projection*, Paris, Presses Universitaires de France, 1961: *Manuel du test PN*, t. 1; Manuel t. 2: *Le complexe d'Œdipe*, Presses Universitaires de France, planches du test PN, Paris, Centre de Psychologie appliquée; Manuel t. 3: *La régle d'investissement*, Presses Universitaires de France, 1976.

_____, Les Identifications dans les tests projectifs, leur signification, *Bulletin de Psychologie*, t. XXVII, n. 312, 13-14, 1973-1974, pp. 737-746.

Decouys, J., Postic, M., Les représentations des différents partenaires de la relation éducative à l'égard des mathématiques en sixième, *Revue française de Pédagogie*, n. 62, janeiro-fevereiro-março 1983, pp. 15-26.

Diatkine, René, Agression et violence, *Revue française de Psychanalyse*, 4, 1984, pp. 937-946.

Duborgel, Bruno, *Imaginaire et pédagogie, de l'iconoclasme scolaire à la culture des songes*, préface de Gilbert Durand, Paris, Le Sourire qui mord, 1983, 480 pp.

Dumas, Georges, Mathématique et affectivité, in *L'apoort des sciences fondamentales aux sciences de l'éducation*, Atas do VI Congresso Internacional das Ciências da Educação, 1973, t. I, Ed. de l'Epi, 1976, pp. 438-446.

Durand, Gilbert, *Les structures anthropologiques de l'imaginaire. Introduction à l'archéotypologie générale*, col. "Etudes", Paris, Bordas, 1969, 550 pp.

Duss, Louisa, *La méthode des fables en psychanalyse infantile*, Paris, L'Arche, 1950, 182 pp.

Eliade, Mircea, *Images et symboles. Essais sur le symbolisme magico-religieux*, prefácio de Georges Dumézil, Paris, Ed. Gallimard, 1952, 238 pp.

_____, *Les aspects du mythe*, col. "Idées", Paris, NRF-Gallimard, 1963, 256 pp.

_____, *Le sacré et le profane*, col. "Idées", Paris, NRF-Gallimard, 1965, 192 pp.

Erikson, Erick H., *Adolescence et crise, la quète de l'identité*, 1968, col. "Champ", Paris, Flammarion, 1972, 348 pp. [Ed. bras.: *Identidade: juventude e crise*. Rio, Zahar, 2a. ed., 1976, 322 pp.]

Filloux, Janine, *Du contrat pédagogique, ou comment faire aimer les mathématiques à une jeune fille qui aime l'aïl*, Paris, Dunod, 1974, 368 pp.

_____, Elements de réflexion sur l'application des données de la théorie psychanalytique au champ de la pratique enseignante, *Revue française de Pédagogie*, n. 54, 1981, pp. 32-38.

Filloux, Janine, Laville, Claudine, *L'organisation de la dépendance dans le champ pédagogique*. Université de Paris, V, 1979, 128 pp.

Freinet, Elise, *Dessins et peintures d'enfants*, Cannes, ICEM, 1962, 92 pp.

_____, *L'école Freinet, réserve d'enfants*, Paris, François Maspero, 1975, 316 pp.

Freud, Sigmund, *Essais de psychanalyse*, Paris, Payot, 1951, 250 pp. [Ed. bras.: *Um esboço de psicanálise*. E.S.B., Rio, Imago, 1980.]

Freud, Anna, *Le Moi et les mécanismes de défense*, col. "Bibliothèque de Psychanalyse", Paris, Presses Universitaires de France, 1949, 164 pp.

Gilly, Michel, *Maitre-élève: rôles institutionnels et représentations*, Paris, Presses Universitaires de France, 1980, 300 pp.

Good, Thomas L., Brophy, Jere E., The influence of teachers attitudes and expectatives on classroom behavior, in *Psychological concepts in the classroom*, org. por Richard H. Coop, Kinnard White, Harper and Row, Nova York, 1974.

Guillaumin, Jean, L'étayage et le désir d'objet dans la création picturale (pour une psychanalyse des rapports du motif et du fond dans la peinture), *Bulletin de Psychologie*, t. XXXI, n. 336, 1978, pp. 796-814.

Gurvitch, Georges, *Les cadres sociaux de la connaissance*, col. "Bibliotèque de Sociologie contemporaine", Paris, Presses Universitaires de France, 1966, 314 pp.

Hartmann, Heinz, Kris, Ernst, Loewenstein, Rudolph M., *Eléments de psychologie psychanalytique*, 1964, trad. de D. Berger, col. "L'Actualité psychanalytique", Paris, Presses Universitaires de France, 1975, 278 pp.

Harvey, O. J., Prather, M., White B. J., Hoffmeister, J. K., Teachers' beliefs, classroom atmosphere and student behavior, *American Educational Research Journal*, 1968, 5, pp. 151-165.

Held, J., *L'imaginaire au pouvoir, les enfants et la littérature fantastique*, Paris, Editions Ouvrières, 1977, 282 pp.

Isaacs, Susan, Nature et fonction du phantasme, in *Développments de la psychanalyse*, de H. Klein, P. Heimann, S. Isaacs e J. Rivière, Paris, Presses Universitaires de France, 1966, pp. 64-114.

Jacquinot, Geneviève, *Image et pédagogie, analyse sémiologique du film à intention didactique*, prefácio de C. Metz, col. "L'Educateur", Paris, Presses Universitaires de France, 1977, 200 pp.

Jean, Georges, *Pour une pédagogie de l'imaginaire*, col. "Orientation E3", Tournai, Casterman, 1976, 170 pp.

Jones, Ernest, *Théorie et pratique de la psychanalyse*, Paris, Payot, 1969, 158 pp.

_____, *Le cauchemar*, Paris, Payot, 1973, 312 pp.

Kaes, René, Quatre études sur la fantasmatique de la formation et le désir de former, *in Fantasme et formation*, Paris, Dunod, 1973, pp. 1-71.

Kaes, René, Anzieu, D., Bejarano, A., Scaglia, H., Gori, R., *Désir de former et formation du savoir*, Paris, Dunod, 1976, 196 pp.

Kaes, René, Etayage et structuration du psychisme, *Connexions*, n. 44, 1984, pp. 11-47.

Klein, M., *Essais de psychanalyse*, Paris, Payot, 2a. ed., 1968, 456 pp.

Kounin, J.S., Gump, P., The comparative influence of punitive and nonpunitive teachers upon the children's concepts of school misconduct, *Journal of Educationl Psychology*, 1961, 52, pp. 44-49.

Lagache, Daniel, Fantasie, réalité, vérité, *Revue française de Psychanalyse*, t. XXVIII, n. 4, 1964, pp. 515-538.

Laplanche, Jean, Pontalis, J.-B., Délimitation du concept freudien de projection, *Bulletin de Psychologie*, t. XVII, n. 225, novembre 1963, pp. 62-66.

Lequeux, Paulette, *L'enfant et le conte. Du réel à l'imaginaire*, Paris, Ed. de l'Ecole, 1974, 280 pp.

_____, *L'enfant et les animaux. Quatre bêtes de légende: l'âne, le mouton, la chèvre et le loup. Sources d'animation de la classe*, Paris, Ed. de L'Ecole, 1977, 350 pp.

Levine, Jacques, "Winnicott, l'école et l'imaginaire", Colloque sur l'imaginaire, psychanalyse et anthropologie, 23 janeiro 1983, *Génitif*, vol. 5, n. 3, 1983, pp. 50-54.

Lightfoot, S. L., Carew, J. V., Individuation and discrimination in the classroom, *Amer. J. Orthopsychiat.*, 46, 3 julho 1976, pp. 401-415.

Malrieu, Philippe, *La construction de l'imaginaire*, Ed. Dessart, 1967.

Michel, Jeanne, *L'imaginaire de l'enfant, les contes,* Paris, Nathan.

Mollo, Suzanne, *Les muets parlent aux sourds, les discours de l'enfant sur l'école*, Tournai, Casterman, 1975, 162 pp.

Nimier, Jacques, *Mathématiques et affectivité*, Paris, Stock, 1976, 170 pp.

_____, *Le vécu des mathématiques chez des jeunes français et québébois, essais d'analyse factorielle et clinique*, IREM de Reims, 278 pp., s.d.

_____, Mathématiques et affectivité, *Revue française de Pédagogie*, n. 46, 1978.

_____, Rôle de l'inconscient dans l'attitude des élèves à l'égard des mathématiques, *Psychiatrie de l'enfant*, XXIII, 2, 1980, pp. 383-460.

Pagès, Max, L'emprise, *Bulletin de Psychologie*, t. XXXVI, n. 360, 1983, pp. 503-509.

Perron, R., Mathon, T., L'amour et la loi. Aspects des figures parentales, dans les histoires racontées para les enfants, *Psychologie française*, 21, n. 3, 1976, pp. 131-157.

Piaget, Jean, *La genèse des structures logiques élémentaires*, Neuchâtel, Delachaux & Niestlé, 1959, 296 pp. [Ed. bras.: *Gênese das estruturas lógicas elementares*. Rio, Zahar Ed., 3a. ed., 1983, 356 pp.].

Postic, Marcel, *Observation et formation des enseignants*, prefácio de Gaston Mialaret, Paris, Presses Universitaires de France, 1977, 336 pp.

_____, *La relation éducative*, Paris Presses Universitaires de France, 1979, 244 pp.

Pujade-Renaud, Claude, *Le corps de l'élève dans sa classe*, col. "Sciences de l'éducation", Paris, Ed. ESF, 1983, 164 pp.

Rabant, Claude, Désir de savoir et champ pédagogique, in *L'apport des sciences fondamentales aux sciences de l'éducation*, Atas do Congresso Internacional das Ciências da Educação de 1973, t. I, Paris, Ed. de l'Epi, 1976, pp. 432-437.

Rime, Bernard, Leyens, Jean-Philippe, Identification de l'élève au professeur, approche expérimentale, *Revue de Psychologie appliquée*, 4o. trim. 1968, vol. 18, n. 4, pp. 231-240.

Rodriguez-Tomé, H., *Le Moi et l'Autre dans la conscience de l'adolescent*, Neuchâtel et Paris, Delachaux & Niestlé, 1972.

Ronco, A., Franta, H., Salonia, G., Turrisi, G., Venti situazini semi-projettive come strumento di indagine nelle ricerche sull'interazione educativa, *Orientamenti pedagogici*, Torino, 1973, vol. 23, n. 5, pp. 820-831.

Sami-Ali, *L'espace imaginaire*, Paris, NRF-Gallimard, 1974, 266 pp.

Sandler, Joseph, Nagera, Humberto, Aspects de la métapsychologie freudienne, *Revue française de Psychanalyse*, t. XXVIII, n. 4, 1964, pp. 473-506.

Shentoub, V., Introduction théorique à la méthode du TAT, *Bulletin de Psychologie*, t. XXVI, n. 305, 1972-1973, pp. 582-602.

Spitz, René A., *Le Non et le Oui*, La genèse de la communication humaine, col. "Bibl. de Psychanalyse", Paris, Presses Universitaires de France, 4a. ed., 1983, 144 pp.

Tap, Pierre, La représentation des qualités maternelles à l'adolescence, étude différentielle, *Enfance*, n. 2-3-4, maio-dezembro 1977, pp. 123-140.

Tardy, Michel, *Le professeur et les images*, Paris, Presses Universitaires de France, 1966, 132 pp.

Vallotton, Mion, *L'enfant et l'animal dans l'éducation*, coll. "Orientation E3", Tournai, Casterman, 1977, 168 pp.

Widlöcher, Daniel, Le développement de la personnalité, point de vue psychanalytique, in *Traité de psychologie de l'enfant*, t. V, Paris, Presses Universitaires de France, 1973, pp. 235-395.

Winnicott, Donald W., *De la pédiatrie à la psychanalyse*, Paris, Payot, 1969, 380 pp.

Woolfolk, A. E., Garlinsky, K. S., Nicolich M. J., The impact of teacher behavior, teacher sex and student sex upon student self-disclosure, *Contemporary Educational Psychology*, 2, 1977, pp. 124-132.

Zazzo, René, Mathon, Tania, L'épreuve du Bestiaire, *Manuel pour l'examen psychologique de l'enfant*, fasc. 9, Neuchâtel, Delachaux & Niestlé, 5a. ed. 1979, 458 pp.

Este livro foi impresso nas oficinas gráficas da
Editora Vozes Ltda.,
Rua Frei Luís, 100 — Petrópolis, RJ,
com filmes e papel fornecidos pelo editor.